자기를 속이지 말라

시기를 놓이지 말라

자기를 속이지 말라

암자에서 만난 성철 스님 이야기

정찬주

열림원

십 년, 이십 년 입을 열지 말고 말없이 공부하거라.
그래도 너희를 벙어리라 말하지 않으리라.
이렇게 공부하여도 성취가 없거든 노승의 머리를 베어가라.

| 작가의 말 |

자기와의 약속을 지키며 산다는 것은

간밤에 비바람이 거세게 몰아친 것 같다. 새벽에 일어나 처소를 한 바퀴 돌아보니 처마 밑에서 댕그랑댕그랑 울리던 풍경의 물고기 모양의 금속판이 마당 한쪽에 떨어져 있다. 절에서 풍경을 처마 밑에 매다는 이유는 두 가지라고 한다. 하나는 산새들이 밤에 절로 날아들다가 풍경 소리를 듣고 처마에 부딪치지 말라는 것이고, 또 하나는 물고기가 잘 때도 눈을 뜨고 있는 것처럼 수행자들도 자나 깨나 깨어 있으라는 상징물이라는 것이다.

나는 뭇 생명을 존중하는 따뜻한 풍경이 마음에 들었고, 늘 깨어 있으라는 풍경의 상징도 가슴에 새길 만하여 서울 인사동 가게에서 두 개를 구입하여 산중 처소의 양쪽 처마 끝에 매달아놓았던 것인데 지금 내 산중 처소의 풍경은 모두 묵언 중이다. 하룻밤 사이에 갑자기 벙어리가 돼버린 풍경이 잔바람에도 댕그랑거리던 '참을 수 없는 존재의 가벼움'에 비하면 그런대로 보기가 좋다.

풍경이 묵언 중이어서인지 내 산중 처소는 절간처럼 적막하다. 햇살이 비치니 적막은 사금파리처럼 마음의 눈을 부시게 한다. 나는 지금 그런 해맑은 적막 속에서 글을 쓰고 있다.

　이 산문집 《자기를 속이지 말라》는 계간지 《디새집》에 이천이년 가을호부터 연재하다 다음해 《디새집》이 휴간되는 바람에 중단되었던 글이다. 대부분의 내용은 몇 년을 조금씩 써오다 이제야 탈고하여 출판사 편집부에 넘긴 글이다.

　연재의 제목은 '암자에서 만나는 산은 산 물은 물'이었고, 성철 스님이 머물렀던 암자를 찾아다니며 성철 스님은 암자에서 무엇을 공부했을까, 혹은 성철 스님은 암자에서 어떻게 살았을까 하는 화두를 가지고 본래의 나 자신(참나)을 찾아 떠나는 내용의 글이었다.

　나로서는 단순히 《디새집》의 원고를 쓴다기보다는 연재하는 동안 명상하고 구도求道하는 느낌이 강했기에 독특한 추억으로 남아 있다. 현재의 나를 들여다보고 어떤 길을 가야 할지, 어떻게 살아야 할지 깊이 사색해보는 순간들이었기 때문이다.

　법정 스님은 성철 스님으로부터 이런 얘기를 들었다고 내게 들려주신 적이 있다. 성철 스님이 돌아가시기 몇 해 전에 한 말씀이었다고 한다.

　"내가 장(늘) 생각하는 쇠말뚝이 있는 기라. 쇠말뚝을 박아놓고 있는데 그것이 아직도 꽂혀 있고, 거기에 패牌가 하나 붙어 있어요. '영원한 진리를 위해 일체를 희생한다'라는 패인 기라."

　성철 스님이 말한 '영원한 진리'는 두말할 것도 없이 불법佛法일 텐데, 쇠말뚝의 패에 적힌 말씀은 불법을 위해서 모든 것을 희생하며 살겠다는 성철 스님의 좌우명일 터이다. 좀 더 사적인 말로 하자면 스님 자신과의 약속이기도 하다. 내가 보기에 스님은 자신과의 약속을 평생 엄격하게 지키신 분이라고 여겨진다. 출가 의지를 다지는 출가시出家詩의 한 구절 '영원한 진리를 홀로 밟으며 나가리라' 나, 부처님 법대로 살자는 봉암사 결사 시절이나, 끝끝내 산승山僧의 입장을 벗어나지 않고 '산은 산 물은 물'이란 법문을 내린 것이나, 열반에 들기 전 제자들에게 '참선 잘하그래이'라고 말한 선승禪僧다운 유언이 그렇다. 한 마디로 성철 스님은 평생 동안 자기와 약속을 지켜낸 '자기를 속이지 않는 삶'을 살았던 분이 아닌가 싶다.

성철 스님은 백련암의 제자에게도 강한 산청 사투리로 '쏙이지 말그래이'라고 말씀하시곤 했다. 저잣거리의 어떤 단체의 실무자가 기념 삼아 간직하겠다며 스님께 한 말씀 간청하자, 그때 써준 글씨가 가슴을 써늘하게 하는 '불기자심'이었다.

不欺自心

우리말로 직역하자면 '자기를 속이지 말라'이다. 의역하자면 자기와 한 약속을 지키며 살라는 말이다. 입산 출가한 수행자가 아니더라도 우리 같은 보통 사람이 자기와의 선한 약속을 지키며 산다는 것, 그것이야말로 다른 거창한 무엇보다도 자신의 삶을 맑고 향기롭게 하는 일일 것이다. 사람에 따라 자기 자신에게 한 약속의 무게와 크기는 다를 수밖에 없지만 자기와의 약속을 지킨다는 것은 나태나 타성으로부터 자기라는 질서를 흩뜨리지 않고 마침내는 밤하늘의 별처럼 오롯

이 자기 자신의 생을 빛나게 하는 일이기 때문이다.

　이 산문집 《자기를 속이지 말라》는 2부로 구성되어 있다. 1부는 암자에서 성철 스님은 무엇을 공부했고, 어떻게 살았는지 살펴보는 내용이고, 2부는 내 어둔 마음을 등불처럼 환하게 밝게 해준 스님의 말씀이다. 실제로 나는 성철 스님의 백일법문을 날마다 테이프로 다시 들으면서 어둡던 방 안에 백 개의 해가 뜬 것처럼 환히 밝아진 것을 경험한 적이 있기도 하다. 이 산문집의 2부를 읽는 여러분도 성철 스님의 신념과 생각이 이런 것이었구나 하는 지견知見이 생기리라고 믿는다.

　끝으로 이 산문집을 밤낮으로 정성을 다해 편집해준 열림원 출판사 여러분과 성철 스님의 수행처를 함께 다니며 정이 도타워진 유동영 사진작가, 삽화를 그려주신 송영방 화백님, 표지 사진을 주신 주명덕 작가님, 그리고 어려운 여건 속에서도 흔쾌하게 발간해준 정중모 대표에게 거듭 고마움과 감사를 표한다.

2005년 봄 남도산중 이불재에서
정 찬 주

| 차례 |

작가의 말_ 자기와의 약속을 지키며 산다는 것은 4

제1부 성철 스님 암자기행

백련암에서는 까마귀도 선문답을 하네 15

　그릇이 비어 있다고 그릇이 사라진 것은 아니다 15

　영원한 진리를 홀로 밟으며 나가리라 24

　뜻은 비로자나불 정수리에 두고 행동은 동자 발 앞에 절하듯 하라 32

운부암 무쇠솥은 불길에서도 제자리를 지키는구나 39

　이 산길은 구름 위에 뜬 암자로 가는 문 39

　서리 인 소나무처럼, 물 위에 뜬 달처럼 살자 47

　침묵하라, 그대를 벙어리라 말하지 않으리라 53

복천암 흐르는 물이 온몸을 다 바쳐 살라 하네 65
    물 흐르듯이, 혹은 구름 흐르듯이 65
    선승에 의해 선방으로 환생한 복천암 76
    평등한 성품을 깨달아라 81

봉암사 용곡 물은 예나 지금이나 회초리처럼 차갑네 89
    연탄이 사라진 지금 우리는 행복한가 89
    침류교 위에서 진정한 벗을 그리워하다 105

원망하는 사람마저 부처님처럼 섬기라 111
    스님은 왜 암자 이름을 천제굴이라고 했을까 111
    시물을 화살처럼 무서워하라 119
    모든 사람을 부처님처럼 섬기라. 그것이 참 불공이다 126

철조망을 둘러치고 왜 성전암에서 산비둘기와 함께 살았을까 133
　　인생이란 가둠과 풂, 떠남과 돌아옴의 반복 133
　　암자는 작으나 법계를 머금고 있으니 144
　　나 잘나지 못함을 철저하게 깨닫게 하소서 148

중음신의 대중을 위해 최초로 설법한 김룡사 155
　　어찌 세상에 공짜가 있으랴 155
　　제 앞길 가리지 못하면 산 사람도 중음신이다 161
　　미워하고 사랑하지만 않으면 통연히 명백하리라 167

다시 금강굴과 백련암에서 발심의 말뚝을 박는다 179
　　영원한 행복이란 무엇인가 179
　　자기를 속이지 말라 192

제2부 **어둔 마음을 밝히는 성철 스님의 말씀**

자기는 원래 구원되어 있다   205
부처님을 팔지 말라   217
사탄이여, 나는 당신을 존경합니다   227
누가 깨쳤다고 하는가, 백척간두에서 진일보하라   243

성철 스님 행장   262

제1부 성철 스님 암자기행

여기 길이 있다.

아무도 그 비결을 말해주지 않는다.

그대 스스로 그 문을 열고 들어가기까지는.

그러나 그 길에는 문이 없다.

그리고 마침내 길 자체도 없다.

산길에는 주인이 없다. 누구라도 길을 걷는 이가 바로 주인공이다. 사람들은 눈이 어두워 그 도리를 모르고 있을 뿐이다. 지금으로부터 육십 몇 년 전 25세의 청년 이영주도 고향 산청을 떠나와 가랑잎이 뒹구는 이 산길을 걷고 있었다. 그는 '영원한 행복'을 위해 출가의 길을 내딛고 있었다.

백련암에서는
까마귀도 선문답을 하네

그릇이 비어 있다고 그릇이 사라진 것은 아니다

백련암은 해인사 암자들 중에서 가장 높은 가야산 산자락에 있다. 낙엽이 지쳐 누운 산길에는 초겨울 적막이 흐르고 있다. 나그네가 첫사랑처럼 늘 그리운 적막이다. 적막은 사람을 외롭게 하고, 그래서 사람을 더욱 사람답게 한다. 선사들은 이러한 공기가 좋아서 산짐승처럼 산자락에 숨어 수행했을 터이다. 적막을 산중의 고독이라 불러도 좋다. 떠도는 적막이 살얼음같이 온몸을 진저리치게 한다.

한 수행자가 길을 묻자, 어느 선사가 '눈앞이 길이다' 라고 했다. 길을 걷고 있으면서 왜 두리번거리느냐는 송곳 같은 말씀이다. '뜻이 있는 곳에 길이 있다' 라는 저잣거리의 금언과 다르지 않다. 뜻이 간절하면 보이지 않던 길도 눈앞에 나타나고 마는 법이다. 어리석은 사람은 눈앞에 정답을 두고도 오답만 보고 살아간다. 중국의 조주 스님은 '큰 도大道는 눈앞에 있는데 보기가 어려울 뿐이

그릇이 비어 있다고 그릇이 사라진 것은 아니다. 허공은 눈에 보이지 않지만 존재한다. 성철 스님은 가셨지만 나그네의 마음속에는 밤낮으로 살아계신다. 성철 스님이 출가한 해인사 백련암 일주문

다' 라고 했다.

산길에는 주인이 없다. 누구라도 길을 걷는 이가 바로 주인공이다. 사람들은 눈이 어두워 그 도리를 모르고 있을 뿐이다. 지금으로부터 육십 몇 년 전 25세의 청년 이영주李英柱도 고향 산청을 떠나와 가랑잎이 뒹구는 이 산길을 걷고 있었다. 그는 '영원한 행복'을 위해 출가의 길을 내딛고 있었다. 그는 이 백련암 가는 산길을 걸어 올라가 당시 해인사 조실이었던 동산에게 귀의했다. 의사의 길을 접고 출가하여 고승이 된 동산은 청년 이영주의 머리를 예리한 삭도로 밀어주며 '문 없는 문'으로 들어가라고 했던 것이다.

잠시 걸음을 멈춘다. 산길에 앉아 바람에 뒹구는 가랑잎을 보니 지나간 추억이 몇 잎 떠오른다. 어느 일간지에 '암자로 가는 길'이란 제목으로 연재를 하게 되어 백련암에 처음으로 오른 적이 있다. 그 뒤 몇 년 후에는 십수 년 다니던 직장을 그만두고 그냥 쉬고 싶어 백련암에 올라갔던 기억도 난다.

그때의 일을 나그네는 이렇게 기록하여 남겨두고 있다.

'지금 생각해보니 암자는 내가 어려울 때마다 찾아가 그곳의 돌샘 찬물 마시고 힘내는 자리였던 것 같다. 나도 십수 년 다니던 정든 직장을 떠났다. 나라고 거칠게 부는 회오리바람을 비껴나 안전할 수는 없었다. 실제로는 자의였지만 분위기로는 타의였었다는 것이 솔직한 내 심정이다. 본능적으로 내 인생의 분기점에 와 있구나 하는 것을 느꼈던 것이다. 그래서 나는 영화 〈빠삐용〉의 주인공처럼 더 이상 인생을 낭비한 죄를 짓고 싶지 않았다.

사표를 던지고 난 다음날 나는 가방 속에 수건 한 장, 치약 칫솔 한 개씩만 달랑 담고 경부고속도로를 달렸다. 행선지는 가는 도중에 해인사 백련암으로 선택하였다. 성철 스님의 일대기인 나의 장편소설 《산은 산 물은 물》을 집필하면서 자주 드나들었던 백련암으로 나는 가고 있었다. 이제는 내가 나 자신에게 돌아와 '산은 산 물은 물山是山 水是水'의 의미를 묻는 시간인 셈이었다.

백련암에서 나는 첫 밤을 단 한순간의 꿈도 없이 아주 '깊은 잠'을 잤다. 내 생애 처음 맛보는 달콤한 잠이었다. 백련암의 성철 스님이 내게 주는 선물 같은 잠이었다. 어린 시절 나는 어머니의 말랑말랑한 젖을 만지며 자는 버릇이 있었는데, 그날 밤 나는 백련암 관음전의 관세음보살의 젖을 만지며 잠들었는지 모를 일이다.'

여기서 거세게 불던 회오리바람이란 우리 모두가 아프게 경험했던 아이엠에프 사태를 말한다. 환난의 불에 화상을 입지 않은 사람은 거의 없었다. 상처의 후유증으로 아직도 힘겨워하고 있는 이들이 많다. 그러나 인간이 욕망과 소유에서만 행복을 찾는 한 재앙의 불은 영원히 꺼지지 않을지 모른다. 부처는 이 세상을 '불타는 집 火宅'으로 표현했다. 불가의 이상인 니르바나(열반)의 어원은 욕망으로 점화하여 타오르는 '불길의 꺼짐'이 아닌가.

산길 중간 왼편에 지족암知足庵으로 가는 길이 보인다. 해인사 산문을 거쳐 흐르는 홍류동에서 동곡 일타 스님을 추모하는 현수막을 보았는데, 비로소 지족암에 머물다 입적하신 일타 스님이 생각난다. 스님은 입적하시기 얼마 전 나그네에게 '불일증휘佛日增輝'란 글을 써주셨었다. 그때 나그네는 불일증휘를 나그네식대로 해석하여 마음에 새겼다.

'부처의 지혜가 해와 같이 더욱 빛나게 하라.'

성철 스님에 이어 종정을 지내셨고 얼마 전에 입적하신 혜암 스님도 떠오른다. 스님과도 나그네는 인연이 있다. 어느 텔레비전 프로에 스님을 퇴설당에서 길게 인터뷰한 적이 있다. 적게 먹는 것이 스님의 가풍이었다. 스님은 출가 이후 평생 하루 한 끼만 드신 분이었다. 적게 먹어야 힘이 나지 않아 못 돌아다니고, 색심色心도 동하지 않아 공부하기에 좋다는 말씀을 하셨다. 그러니 스님의 제자들은 안거 기간 동안에는 모두가 오후불식午後不食에 동참하여 저녁을 먹지 못하고 쫄쫄 굶어야 했다.

어느 스님은 나그네에게 부끄러워하며 고백한 적이 있다. 너무나 배가 고파 스님 몰래 뒷방에서 주먹밥을 먹었다고. 혜암 스님을 추억하니 스님의 생각과 행동이 천진불 같아 웃음이 나오기도 한다. 스님은 나그네에게 천진한 얼굴로 '떼'를 썼다.

"성철 스님 얘기만 하지 말고 내 얘기도 한번 소설로 써봐. 나한

테도 재미있는 얘기가 많지. 태백산 동암東庵에서는 호랑이하고 놀았거든."

"서울에서 큰스님께 전화해도 상좌스님들이 바꿔주시겠어요?"

"그럴 때는 방법이 있지. 혜암이가 전화했다고 해. 그러면 바꿔 줄 거야."

선사들의 특징 중 하나는 아이처럼 천진하다는 점이다. 가식이란 옷을 벗어버린 분들이다. 그런데 젊은 스님들은 선사의 꾸밈없는 언행에 질색을 한다. 인의 장막을 치기도 한다. 선사에게 권위라는 무게를 얹으려고 하는 것이다.

나그네는 다시 그분들을 중얼거려본다.

'혜암 스님, 일타 스님······.'

모두 성철 스님에게 가르침을 받고 탁마했던 분들이다. 이제 그분들은 가야산에 없다. 어디로 가셨는가. 무엇으로 환생하여 어디에 계시는지 궁금하다. 풍경 소리가 가깝게 들려온다. 어느새 백련암이 눈앞에 있다.

나그네는 돌계단 끝에 있는 산문을 거쳐 성철 스님의 존상尊像이 있는 고심원古心院으로 올라가지 않고 생전에 스님이 계셨던 염화실 앞으로 간다.

나그네는 성철 스님의 모습에 가장 가깝다고 느껴지는 무명씨의 사진 한 장을 좋아한다. 그래서 나그네는 그 사진을 산중 처소의 방 벽에 붙여놓고 있다. 단단한 돌배나무 같은 투박한 느낌의 사진인데, 선방 수좌들이 가장 좋아하는 사진이라고 원택 스님이 귀띔해준 적이 있다.

돌배나무 같은 산승이 또 있다. 《인천보감》에 행장이 소개되고 있는 중국의 사암櫷庵 유엄有嚴선사이다. 유엄선사는 돌배나무의 일종인 아가위나무를 좋아하여 암자 이름을 사암櫷庵이라 짓고 이렇게 기록하여 돌배나무를 칭송했다.

'내 나이 육십에 산에 돌아와 암자 터를 잡았다. 암자가 다 되어 그곳에서 요양이나 하고 지내면서, 그렇다고 세상살이를 지나치게 벗어나려고 하지도 않았다. 암자 서쪽에 아가위나무 한 그루가 있어 그 이름을 따서 암자 이름을 지었는데, 아가위란 맛이 좋다고 이름난 과실도 아니고 배나 밤에 비하면 부끄럽게 생겼다. 배는 그 시원한 맛 때문에 칼에 베어지고 밤은 그 단맛 때문에 입에 씹히게 되니, 설혹 배와 밤에게 식성(識性: 인식하는 마음)을 부여해서 그들 스스로 쓸모없는 곳에 있게 해달라고 해도 그것은 될 수 없는 일이다.

저 아가위는 돌배의 종류에 속하는 것이어서 비록 향기는 있어도 맛이 떫다. 억지로 씹으려 해도 향기로는 배를 채울 수 없고 떫은맛은 입을 상쾌하게 할 수 없으니, 삼척동자라도 이것을 찾는 사람이 없다. 그래서 주렁주렁 가지에 매달려 스스로 만족하는 그 모

적막은 사람을 외롭게 하고, 그래서 사람을 더욱 사람답게 한다.
선사들은 이러한 공기가 좋아서 산짐승처럼 산자락에 숨어 수행했을 터이다.
해인사 백련암 뒤 절상대

습은 아름다운 것이다.

　아! 사람은 지혜 때문에 자기 뼈를 고단하게 하고 아가위는 떫은맛 때문에 그 몸이 편안하니, 지혜와 떫은맛 중에 어느 것이 참된가? 나는 지혜가 없기 때문에 아가위와 이웃이 되었다.'

　고심원의 존상은 스님이 가신 지 십 년도 넘게 지나갔는데, 가시지 않았다고 말하는 것 같아 가까이 다가서지지 않는다. 차라리 초상화 한 장 걸리지 않은 염화실에서 족적을 남기고 싶어하지 않았던 성철 스님의 가풍이 느껴진다.

　백련암은 텅 비어 있다. 암주스님도 원주도 행자도 보이지 않는다. 나그네는 천천히 염화실을 향해 마당에서 무릎을 꿇고 삼배를 올린다. 공즉시색空卽是色이라 했다. 그릇이 비어 있다고 그릇이 사라진 것은 아니다. 허공은 눈에 보이지 않지만 존재한다. 성철 스님은 가셨지만 나그네의 마음속에는 밤낮으로 살아계신다. 마음속에 불성佛性은 거닐고 서고 앉고 눕고 하는 동안 언제나 함께 실오라기만큼도 떨어져본 적이 없는 것이다.

영원한 진리를 홀로 밟으며 나가리라

　백련암 게시판 한쪽에 성철 스님의 일생을 요약한 약력이 붙어 있다. 나그네의 소설책 표지에서 그대로 오려 부착한 것이다. 나그네는 한 줄 한 줄 천천히 읽어본다.

'성철 큰스님은 1912년 지리산 산봉우리가 보이는 경호강변에서 태어나셨다. 청년이 되어서는 《하이네 시집》과 칸트의 《순수이성비판》을 읽으며 '영원한 자유'를 갈망하게 되는데, 어느 날 탁발승에게 건네받은 영가 스님의 〈증도가〉를 보고 가슴 깊이 마음을 낸다.

출가는 헌헌장부의 모습으로 25세에 하고 성철이란 법명을 받아 치열한 참선 정진 끝에 마침내 29세에 깨달음의 노래를 부른다. 이후 8년 동안 단 한 순간도 눕지 않고 앉아서 수행하는 인간 정신의 극점을 보여주는 장좌불와 수행을 하였다.

스님은 평생 동안 누더기 장삼을 입고 '자기를 바로 봅시다. 자기는 원래 구원되어 있습니다'라고 법문하며, 한편으로는 새벽마다 법당으로 올라가 세상 사람들의 죄업을 대신 참회하는 삶을 살다가 열반의 노래를 한 수 남기고 이승의 옷을 벗으셨다. 이때가 1993년 11월 4일 아침 일곱 시였다. 세상 나이 82세, 스님이 되신 지 59년째의 아침이었다.'

나그네가 소설을 완성한 후에 작성한 약력이지만 게시판에서 다시 보니 감회가 새롭다. 정념당正念堂에는 여전히 스님의 출가시 出家詩가 주련으로 걸려 있다. 수행자로서 첫발을 내디디면서 스스로 결의를 다지는 시를 출가시라 하는 것이다.

까마귀가 백련암 마당에 울음을 떨어뜨리고 날아간다. 까악 까아악. 한참 뒤에 다시 또 다른 까마귀가 대꾸를 하며 날아간다. 백련암에서는 까마귀도 선문답을 하는 것인가. 성철 스님의 얼굴이 어린 백련암 불면석

하늘에 가득한 큰일도 이글대는 화로 속 눈송이요
바다를 가르는 웅장한 기틀도 따가운 햇볕 속 이슬이로다
누가 덧없는 꿈꾸며 살다가 죽기를 달게 여기리오
떨쳐 일어나 영원한 진리를 홀로 밟으며 나가리라.
彌天大業紅爐雪
跨海雄基赫日露
誰人甘死片時夢
超然獨步萬古眞

출가시에 노래하고 있는 것처럼 '영원한 진리'는 출가 전부터 청년 이영주의 화두였다. 그래서 그는《하이네 시집》도 보았고, 칸트의《순수이성비판》도 읽었으며《논어》나《대학》등 동양의 고전들을 두루 섭렵하였던 것이다. 그러나 그는 그가 읽은 고전들 속에서 '영원한 진리'를 발견할 수 없었다.

'영원한 진리'란 그를 영원히 자유롭게 하고 행복하게 하는 그런 진리를 말했다. 성철은 불자들에게 영원한 진리, 즉 부처의 지혜를 깨쳐야만 자유인으로서 일시적인 행복이 아니라 영원한 행복 속에서 살 수 있다고 자주 법문했었다.

청년 시절, 진리에 목말라하던 그는 탁발승이 건네준 〈증도가〉를 보고 나서야 '영원한 진리'의 불빛을 만났다. 그는 그때 〈증도가〉를 펼쳐든 순간 어두운 밤중에 횃불을 만난 듯 홀연히 마음이

밝아졌다고 한다.
〈증도가〉란 어떤 내용의 선서禪書인가.

그대는 보지 못하였는가
배움이 끊어진 하릴없는 한가한 도인은
망상도 없애지 않고 참됨도 구하지 않으니
무명의 참 성품이 곧 불성이요
허깨비 같은 빈 몸이 곧 법신이로다.
君不見
絶學無爲閑道人
不除妄想不求眞
無明實性卽佛性
幻化空身卽法身

이렇게 시작하는 〈증도가〉는 확철히 깨친 경계를 드러낸 영가 스님의 영롱한 사리 같은 산문이다.

살아생전에 성철 스님은 말했다. 깨침의 경지를 노래한 선가의 최고 시는 승찬의 〈신심명〉이요, 최고의 산문은 영가의 〈증도가〉라고. 승찬은 이조 혜가의 제자이고, 영가는 육조 혜능의 제자이다. 그렇다면 번민의 밤을 보내던 청년 이영주에게 횃불이 된 영가(永嘉, 665~713)는 누구인가.

영가라 불리게 된 것은 그의 출생지가 중국 당나라 때 절강성 온주부 영가현이기 때문. 그의 휘는 현각玄覺, 자는 도명道明이다. 그는 원래 천태종 계통의 수행자로 일찍이 개원사에서 홀어머니와 누님을 모시고 살던 중 선승 현책玄策을 만난다. 현책의 권유로 조계산으로 가 육조 혜능을 만나 법문을 듣고 난 뒤 혜능에게 '장하다. 옳은 말이다. 손에 방패와 창을 들었구나. 하룻밤 쉬어 가거라'라고 인가를 받았다.

그때 그의 나이 31세였고, 그가 조계산에서 하룻밤 자고 갔다 하여 그를 일숙각一宿覺이라고 부르게 되었다. 다음날 그는 조계산을 떠나며 이렇게 외쳤다.

'조계(혜능)를 만난 뒤로는 생사와 상관없음을 분명히 알았노라! 自從得曹溪路 了知生死不相干'

성철은 훗날 제자들에게 이 구절을 친절하게 설명해주었다.

'영가 스님이 어릴 때부터 출가해서 공부를 많이 하여 소득이 없었던 것은 아니지만 확철히 정각을 이루지는 못했다가 현책 스님의 권유에 따라서 육조 스님을 찾아뵙고 법문 끝에 깨쳤던 일을 말하고 있습니다.

육조 스님을 찾아가서 조계의 길을 확철히 깨쳐 얻어서 생사가 서로 관계없음을 밝게 알았다는 것입니다.

생사를 해탈하여 영원토록 자유자재한 무애 경계를 증득한 것은 노력을 많이 한 곳에서 얻어진 것이지, 게으르게 아무것도 하지 않고 가만히 있는 곳에서 이루어진 것은 절대로 아닙니다. 바다를 건너고 산을 넘고 물을 건너 스승을 찾고 도를 물어 열심히 노력한 결과로 얻어진 것입니다. 영가 스님도 그렇게 육조 스님을 찾아가서 확철히 깨쳐 영원히 생사와 상관없는 해탈의 길을 얻었던 것입니다.'

백련암이 왜 이렇게 심연처럼 고요한가. 풍경 소리가 한두 번씩 뎅그렁거릴 뿐이다. 생전의 성철은 관음전 위 신선대 바위에 앉아 좌선에 들곤 했다. 거기에서 성철은 공부하는 제자들의 산문 출입을 내려다보았다. 안거 중에는 누구도 산문 밖으로 나가는 것을 허용하지 않았다. 산문의 문턱에 먼지가 쌓여야 한다고 질책했다.

아마도 지금 같은 정적을 성철은 가장 좋아했을 터이다. 참선공부하기에 더없이 좋은 분위기이니까. 그런데 갑자기 까마귀가 백련암 마당에 울음을 떨어뜨리고 날아간다. 까악 까아악. 한참 뒤에 다시 또 다른 까마귀가 대꾸를 하며 날아간다. 백련암에서는 까마귀도 선문답을 하는 것인가.

나그네는 백련암에서 가장 오래된 건물인 원통전 뒤로 가본다. 나그네가 백련암에 올 때마다 머물던 골방이다. 성철 역시 이 골방에서 출가의 첫 밤을 보냈으리라. 당시 백련암에는 의사의 길을 미련없이 버리고 출가한 고승 동산이 머물고 있었다.

동산은 청년 이영주를 제자로 맞아들이고 성철이란 법명을 지어주었다. 이때 성철은 이미 《증도가》와 지리산 대원사로 가서 읽은 《서장》을 나름대로 이해한 후였다. 행자 중에서는 발군의 제자인 셈이었다.

동산은 바로 성철을 해인사 선방이었던 퇴설당으로 내려보냈다. 원래 혹독한 행자 생활을 일정 기간 보내고 나서 계를 받아야만 선방에서 공부할 자격이 주어졌으나 성철은 예외였다. 퇴설당에서 동안거를 나도록 배려한 것이다. 그때 동산은 대중에게 이렇게 당부했다.

'여기 길이 있다. 아무도 그 비결을 말해주지 않는다. 그대 스스로 그 문을 열고 들어가기까지는. 그러나 그 길에는 문이 없다. 그리고 마침내 길 자체도 없다.'

동산은 조주 스님의 '무' 자 화두를 말하고 있었다. 성철은 용맹심이 솟았다. 해인사로 오기 전 대원사에서 머물 때 《불교》라는 잡지를 보다가 조주 '무' 자를 화두로 들어본 적이 있기 때문이었다. 불교학자 권상로가 발간하는 《불교》지에는 조주 '무' 자의 화두가 만들어진 배경과 성불하는 방편으로 화두를 들고 참선하는 수행법이 자세히 소개되어 있었던 것이다. 뿐만 아니라 성철은 그곳 대원사 골방 선반에 놓인 《서장》을 꺼내 펴보며 자신의 수행을 스스로 점검하기도 했었다.

성철은 동안거 해제 날 바로 사미계를 받았다.

이후 한 달 만인 1937년 3월에는 스승 동산이 성철을 백련암으로 올라오게 하여 비구계를 수지토록 하였다. 세속적으로 표현하자면 그런 속성 과정은 능력이 탁월한 학생에게 주어지는 일종의 월반인 셈이었다.

스승 동산의 배려였다.

뜻을 비로자나불 정수리에 두고 행동은 동자 발 앞에 절하듯 하라

나그네는 다시 백련암 마당으로 나와 원주스님을 기다린다. 백련암에 오기 전 성철 스님의 생가 터를 들렀다가 백련암 암주庵主이자 성철 스님을 오랫동안 시봉했던 원택 스님에게 부탁을 하나 했던 것이다.

어느새 생가 터는 복원되어 있었고, 겁외사라는 절도 지어져 있었다. 그러나 절은 선사禪寺가 되기에는 환경이 좋지 않았다. 절 뒤쪽으로 대전 통영 간 고속도로가 개통되어 승용차들이 소음을 일으키며 고속으로 달리고 있었다.

심드렁해진 마음을 위로해준 것은 포영당에 전시되고 있는 스님의 유품들이었다.

유품들은 스님의 향기를 느끼게 하는 데 부족함이 없었다. 나그

마음속에 불성佛性은 거닐고 서고 앉고 눕고 하는 동안 언제나 함께 실오라기만큼도 떨어져본 적이 없는 것이다. 겁외사 포영당의 성철 스님 유품

네는 스님을 친견하듯 보고 또 보았다. 주민등록증, 승려증까지 스님의 손때가 묻은 것들을 보고 있자니 가섭의 미소가 지어졌다.

주민등록증, 李英柱, 120210-1929711, 본적, 경남 산청군 단성면 묵곡리 216
승려증, 승려번호 1235-1, 성명 李英柱, 법명 性徹

수십 년 된 누더기 승복도 눈물겹기만 했다. 나그네라면 흉내도 못 낼 사연이 하나 얽힌 승복이었다.

어느 날 상좌들이 덕지덕지 기운 누더기 옷이 너무 무거울 것 같아 비단옷을 해드린 적이 있었다. 이불도 가벼운 비단이불로 바꾸었다. 그러나 성철은 한동안 아무 말도 않다가 두 달이 지난 어느 날 비단옷과 비단이불을 가위로 잘라 마당으로 내다가 불에 태워 버리고 만다. 평생 동안 좋은 옷 입지 않겠다는 자신과의 약속을 지키기 위해서였다.

누더기를 왜 입느냐고 묻자, 성철은 '나는 못났으니까' 라고 말할 뿐이었다. 누더기 밑에 검정고무신도 가슴을 친다. 양말이나 버선이라면 또 모른다. 닳은 곳을 헝겊으로 기운 고무신이다.

그 옆에는 수행자로서 스스로에게 약속한 십이명十二銘이 있다. 물론 스님의 자필이다. 스스로 다짐한 맹세의 말뚝이기도 하다.

1. 아녀자에게 눈길도 주지 않으리라.

2. 속세의 헛된 이야기에는 눈길도 주지 않으리라.

3. 돈이나 재물에는 손도 대지 않으리라.

4. 좋은 옷에는 닿지도 않으리라.

5. 신도의 시주물에는 몸도 가까이 않으리라.

6. 비구니 절에는 그림자도 지나가지 않으리라.

7. 냄새 독한 채소는 맡지도 않으리라.

8. 고기는 이빨로 씹지도 않으리라.

9. 시시비비에는 마음도 사로잡히지 않으리라.

10. 좋고 나쁜 기회에 따라 마음을 바꾸지 않으리라.

11. 절을 하는 데는 여자 아이도 가리지 않으리라.

12. 다른 이의 허물은 농담도 않으리라.

또 그 옆 칸에는 불기자심不欺自心이라는 액자가 걸려 있었다. '자기를 속이지 말라'는 뜻이다. 자신과 약속을 지키겠다는 선언이다. 생전에 스님은 삼천배를 하고 찾아가 절값으로 좌우명을 하나 달라고 하면 곧잘 '쏙이지 말그래이'라고 하였다. 성철식 화두요, 의미심장한 절값이 아닐 수 없다.

불기자심을 보는 순간 나그네는 원택 스님이 생각났다. 서울에선가 전화로 불기자심 복사물을 부탁해두었기 때문이었다. 생가터에서 전화를 하자, 다행히 원택 스님은 백련암에 가면 원주스님이 가지고 있을 거라고 말했다.

원주스님은 불기자심이 복사된 인쇄물을 여러 장 준다. 나그네는 무심코 '자기를 속이지 말라' 하고 중얼거려본다. 성철 스님처럼 산청 사투리로 거칠게 발음해본다.

'자기를 쏙이지 말그래이.'

자신을 속이지 않는 인생이고 싶지만 솔직히 장담할 수는 없다. 마음속으로 새끼손가락을 걸고 약속하지만 작심삼일이 되지나 않을지 그게 걱정스럽다. 나그네가 가장 버겁게 상대하는 것은 '게으름 도둑놈'이다. 녀석은 호시탐탐 나그네를 노린다.

까마귀 울음소리가 또 들려온다. 백련암 주변에 사는 산중 가족인지도 모른다. 불청객인 나그네가 낯설어 경계하는 소리 같기도 하고, 성철 스님이 불렀던 겁외가劫外歌를 읊조리는 듯도 하다.

문득 성철 스님이 자랐던 고향 산청이 떠오른다. 진주로 흘러가는 경호강과 흰 눈을 이고 있는 지리산 천왕봉이 눈앞에 어른거린다. 훗날 성철은 말했다.

'뜻은 비로자나불 정수리에 두고 행동은 동자 발 앞에 절하듯 하라高踏毘盧頂 行低童子足.'

이상은 높게 두되 행동은 한없이 겸손하게 하라는 말이다. 나그네는 지리산 천왕봉이 비로자나불 정수리이고, 낮은 곳으로 흘러가는 경호강이 동자의 발下心 같게만 다가온다.

1937년 4월 14일.

성철은 동산을 따라 백련암에서 서쪽 맞은편 산기슭에 있는 마장고개를 넘어갔다. 범어사로 가기 위해서였다. 이때가 성철의 나이 26세 때였다.

좋은 수좌가 되려면 야반도주에다 줄행랑을 잘 쳐야 한다는 선가의 오래된 우스갯말이 있다. 소임을 뿌리치고 참선하기 좋은 도량으로 도망을 잘해야 공부를 마칠 수 있다는 이야기다. 범어사 내원암에서 성철이 도망쳐 간 곳은 통도사의 백련사였다. 그러나 성철은 그곳에서도 오래 머물지 못했다. 속가의 아내가 갓난아기를 데리고 그곳까지 찾아온 때문이었다. 다시 성철은 운부암 선방으로 야반도주를 했다.

운부암 무쇠솥은
불길에서도 제자리를 지키는구나

이 산길은 구름 위에 뜬 암자로 가는 문

　　나그네는 또 운부암雲浮庵으로 가고 있는 중이다. 운부암은 은해사 산내암자이다. 은해사 앞에서 잠시 걸음을 멈추어본다. 은해사에 무슨 특별한 추억이 있는 것은 아니지만 대웅전을 바라볼 때마다 생각나는 수행자가 있다. 언젠가 은해사에 들렀을 때이다. 추사 김정희가 썼다고 전해지는 대웅전 현판 글씨를 보고 있는데, 누군가가 뒤에서 말을 걸어왔다. 젊은 스님이었다.

　"거사님, 대웅전이 무슨 뜻인지 압니까?"

　도발적인 물음에 나그네는 대답을 미뤘다. 그러자 젊은 스님이 말했다.

　"제 은사스님의 말씀입니다만 대웅大雄이란 큰 영웅이란 말이니까 대웅전이란 영웅 중의 영웅이 계시는 집이란 뜻입니다."

　웬 영웅담, 하고 쓴웃음을 짓는데 다음의 말이 압정처럼 나그네를 뜨끔하게 했다.

산길로 들어서니 어느새 세속의 소리가 뚝 끊어져버린다. 대신 들려오는 것은 돌돌거리는 물소리, 뻐꾸기 울음소리, 바람소리이다. 전객들의 고향, 운부암

"부처님은 팔만 사천의 번뇌를 모두 물리치신 분입니다. 거사님은 살면서 단 한 순간이라도 번뇌와 갈등을 벗어나 마음이 편해본 적이 있습니까?"

젊은 스님의 말은 그뿐이었다. 얘기를 더 들어보고 싶었으나 스님은 이미 법당 뒤로 돌아가버리고 없었다. 추사의 글씨를 감상하다가 아프게 한 방망이 맞은 느낌이었다. 번뇌로부터 자유스러워본 적이 있느냐는 따끔한 질문이었던 것이다. 벗어버리고 놓아버리면 그만일 텐데 왜 온갖 잡사에 휘둘리며 사느냐는 화살이었다.

고맙게도 자신을 되돌아보게 하는 물음이었다. 적어도 대웅전에 들어갈 때는 문득 중얼거리는 나그네만의 화두가 된 것이다.

멀리서 봐도 추사가 쓴 대웅전 현판 글씨는 또렷하다. 마음을 비우고 쓴 글이기에 미추美醜를 떠나 있다. 두 가지가 하나이면서 또한 둘을 뛰어넘는 불이不二의 경지다. 여러 번 보니 비로소 추사의 깊이가 느껴진다. 추사야말로 붓 하나로써 부처의 경지를 이룬 사람이 아닐 것인가.

계곡을 조금 더 오르니 예전 그대로 저수지 하나가 나온다. 왼쪽의 산길로 들어서면 가람 전체가 보물 덩어리라는 백흥암이다. 백흥암을 지키던 진돗개 이름이 호동이었는지 청룡이었는지 잘 기억나지 않는다.

운부암은 계곡을 따라 난 산길을 계속 따라 오르면 된다. 어느샌가 산길은 승용차가 다니기에 잘 닦여져 있다. 그래도 암자 가는 산길만은 문명이 점령하지 말았으면 좋겠다. 산길만은 산짐승과 사람이 함께 오가는 오솔길로 남아 있어야 정겹지 않겠는가. 불과 5, 6년 전에 메모한 글을 꺼내보니 그때의 운부암 가는 산길은 더없이 호젓했던 것 같다.

'산길로 들어서니 어느새 세속의 소리가 뚝 끊어져버린다. 대신 들려오는 것은 돌돌거리는 물소리, 뻐꾸기 울음소리, 바람소리이다.

은해사 산내암자인 운부암. 얼마나 깊은 산속에 있기에 '구름 위에 떠 있는 암자'라고 했을까. 그렇다면 이 산길이 구름 위로 가는 '문 없는 문'이라도 된다는 것일까. 긴 만행으로 배가 출출하고 따분해지면 산길을 걷다가도 이십 대의 헌헌장부였던 성철과 향곡은 장난을 치곤 했다고 전해진다.'

성철과 향곡이 운부암에 머물 당시는 산길 가에 전나무가 울창했던 모양이다. 젊은 그들은 장난을 좋아하여 길을 걷다가도 웃음거리를 만들어내곤 했다. 이 산길을 거닐면서도 그들은 훗날 불자들의 입에 두고두고 오르내리는 애깃거리를 하나 남기고 있다.

운부암을 향해 걷던 성철이 뒤따라오던 향곡에게 전나무를 가리키며 내기를 걸었다.

"저 전나무를 나보다 빨리 올라갈 수 있겠노."

"먼저 올라가면 어떡하겠노."

잘려나간 옛것은 더 그리워지는 법이다. 개울가의 붓꽃 한두 송이나 이끼 낀 돌담 한 쪽이라도. 운부암 선객의 방

"니 원하는 대로 해줄 끼다."

무엇이든 지기 싫어하는 향곡이 먼저 거추장스런 장삼을 벗어 내던지고는 알몸으로 전나무를 올라갔다. 전나무의 뾰족한 잎들이 향곡의 알몸을 찔러댔지만 향곡은 우직하게 전나무를 끝까지 올라가 성철을 향해 소리쳤다.

"봤제. 니 내한테 분명 진 기라. 각오하그래이."

향곡은 늘 그런 식이었다. 저돌적으로 행동해놓고 득의만만해하는 성격이었다. 그러나 성철은 올라가지 않고도 이기는 방법을 알고 있었다. 성철이 웃으며 소리쳤다.

"아직 내기가 끝나지 않았다카이."

"뭐라꼬."

"보그래이. 저기 예쁜 처자가 오고 있제. 니 남사시럽게 우짤라고 옷을 벗고 있노."

"뭐시. 처자가 온다꼬."

놀란 향곡이 쏜살같이 전나무 꼭대기에서 내려와 쩔쩔매었다. 그때 성철은 향곡의 장삼을 들고는 줄행랑을 치고 말았다.

성철은 훗날 고승이 되어서도 이런 장난기 섞인 애깃거리를 또 남기고 있다. 청담도 역시 성철의 장난 친구였다. 청담은 한국전쟁이 끝나고 난 뒤 왜색 불교를 정리하기 위한 불교정화운동에 뛰어들어 조계종을 수호한 고승이었다. 어느 신도 집 이층에서였다. 박

치기로 유명한 김일 선수가 등장하여 박수를 받던 시절이었다. 두 스님은 텔레비전 중계를 보다가 갑자기 일어나 흉내를 내기 시작했다.

"보소, 우리 레슬링 시합 한판 붙자."

성철과 청담은 누가 먼저랄 것도 없이 서로 붙잡고 우당탕 퉁탕 나뒹굴었다. 그러자 아래층에 있던 신도가 놀라 뛰어올라왔다. 고승들이 웬 싸움이냐고 신도가 난감한 얼굴로 뜯어말리자 그제야 성철이 빙그레 웃으며 말했다.

"보살님, 우리 지금 레슬링 시합하고 있습니데이."

성철은 청담을 밑에 깔아놓고 힘 자랑하는 청년처럼 으스댔다.

"청담 정도야. 향곡이도 내게는 꼼짝 못할 끼구마."

청담은 나이가 10년 연상이었지만 성철의 장난을 다 받아주었다. 마음이 그만큼 넓었던 것이다. 그런 청담이었으므로 그가 입적에 들었을 때 성철은 한동안 쓸쓸해했다.

"청담이 없으니 마음이 안 좋다."

성철은 청담의 육신이 입관되고 난 후 이렇게 중얼거렸다.

"이놈의 노장, 관에 그냥 눌러 붙어 있을 끼가. 레슬링 시합 한번 더 않을 끼가."

그러나 청담이 다시 일어날 리는 없었다. 청담은 그대로 다비장으로 옮겨져 사리를 한줌 남기고는 이승의 인연을 마쳤다.

서리 인 소나무처럼, 물 위에 뜬 달처럼 살자

　25세에 출가한 성철이 범어사와 통도사를 거쳐 깊은 산속에 자리한 운부암으로 온 것은 선승의 길을 걷고자 하는 그의 출가 의지에서였다. 범어사나 통도사는 모두 큰절로서 당대의 고승들이 수행하는 도량으로 갓 출가한 젊은 스님들은 고승을 시봉하거나 절의 소임을 맡기 일쑤였다.

　성철도 처음에는 범어사에서 스승 동산을 시봉했다. 동산은 해인사의 조실祖室 소임을 맡고 있었지만 해제 철이 되면 주로 범어사에서 머물곤 했던 것이다. 성철은 동산의 일과에 따라 움직여야 했으므로 스스로 참선할 시간이 부족했다. 그 점이 젊은 그에게는 불만이었다. 성불을 이룰 때까지 '떨쳐 일어나 영원한 진리를 홀로 밟으며 나가리라'고 출가의 서원을 세웠건만 시봉이란 통과의례에 걸려 공부를 깊이 할 수 없었다.

　그렇다고 스승 동산이 성철의 눈에 차지 않는 인물은 아니었다. 동산은 이미 용성의 뒤를 잇는 인물로 해인사와 범어사의 대중들에게 인정을 받고 있었다. 두 사람은 스승과 제자 사이임에도 불구하고 당시 대중들에게 범어사 용성, 해인사 동산이라고 불려졌다. 실제로 두 스님은 범어사와 해인사에서 조실이란 소임을 맡고 있었다.

　동산이 1965년 4월에 입적했을 때 청담은 이렇게 곡하며 추모했다고 한다.

"큰 법당이 무너졌구나. 어둔 밤에 횃불이 꺼지고 말았구나."

동산이 경성 총독부 의학 전문학교를 졸업하고서도 의사의 길을 걷지 않고 '길 없는 길'의 출가를 결행한 것은 24세 되던 때의 일이었다. 그는 3.1운동의 민족대표 33인 중 한 사람이었던 용성의 제자가 되어 삭발 입산했던 것이다. 이후 오대산의 한암과 영명에게 불전을 배웠고, 백양사 운문암에서는 구족계를 받았다. 정식으로 비구스님이 된 것이었다. 젊은 동산은 다시 10여 년 동안 전국의 선방을 돌아다니다가 마침내 범어사 금어선원에 안거하는 동안 대나무에 바람이 부딪치는 소리를 듣고 깨달음을 이루었다. 걸림 없어진 마음을 동산은 다음과 같이 노래했다.

그리고 그린 것이 몇 해이던가
붓끝이 닿는 곳마다 산 고양이로다
하루 종일 창 앞에서 늘어지게 잠자고
밤이면 예전처럼 늙은 쥐를 잡는다.
畵來畵去幾多年
筆頭落處活猫兒
盡日窓前滿面睡
夜來依舊捉老鼠

꿈쩍 않는 저 무쇠솥이야말로 엉덩이를 방바닥에 눌러 붙이고 용맹정진했던 젊은 날의 성철 스님 같게만 보인다. 성철 스님이 머물렀던 운부암 뒷방

이에 용성은 지계持戒를 강조하는 자신의 사상을 이어갈 제자로 동산을 인가했다. 이로써 동산은 율사가 되어 계행을 더욱 철저하게 지켰다. 훗날 한국전쟁 이후 불교정화운동에 동산이 청담과 함께 나선 것도 계행을 바로잡고자 하는 그의 남다른 지계 정신에서 비롯된 것이었다.

청담이 동산을 회고한 글에서도 그의 투철한 계행 의지가 잘 나타나 있다.

"정화 불사 당시 대처 측의 방해로 정화운동이 어려움에 처했을 때 비장한 각오로 사자후를 토하며 순교 단식을 감행한 것이나, 조계사 법당에서 단식기도를 하는 중에 대처 측이 몰려와 뭇매를 가할 때도 꿈쩍하지 않고 당당히 감당하던 일이 생생합니다. 조계사에 입주해서 대처 측과 함께 살 때, 대처승들이 비구승을 쫓아낼 생각으로 거처에 장작불을 처넣어 장판이 까맣게 타들어가고 있어도 결사적 투지로 끝내 방을 비우지 않은 일 등은 동산이 아니면 불가능한 일이었습니다."

동산은 두 번의 종정을 지낸 후 범어사로 내려와 노후를 보냈는데, 그는 자신의 방인 염화실에 친필 좌우명을 걸어놓고 수행했다.

서리 인 소나무의 맑은 지조와
물 위에 뜬 달의 빈 옷깃이여.

霜松潔操

水月虛襟

살아서는 서리가 내려도 푸름을 잃지 않는 소나무처럼, 죽음에 임해서는 물에 비치었던 달처럼 아무런 흔적을 남기지 않겠다는 다짐이었다.

마침내 그는 대중과 함께 마지막 새벽예불에 참석한 뒤 다음과 같은 열반송을 남기고 입적에 들었다.

원래 일찍이 전한 바 없거니

어찌 두 번째 몸이 있으랴

3만 6천의 아침도

다만 이놈의 반복일 뿐일세.

元來未曾轉

豈有第二身

三萬六千朝

反覆只訛漢

성철은 동산이 추구한 율사의 길을 걷지는 않았다. 성철은 스승과 달리 선승의 길을 걸었다. 그래서 그는 평생 동산의 곁을 떠나 있을 수밖에 없었다. 동산이 불교정화운동에 동참하라고 권유했을 때도 성철은 끝내 깊은 암자에서 나오지 않았던 것이다.

성철은 동산이 입적에 들었을 때에야 암자에서 내려와 스승 영전에 존경의 마음을 담은 게송을 지어 바쳤다.

영골 사리
청정 찬연하니
부처가 얼굴빛을 잃고
달마가 고개를 끄덕인다.
靈骨舍利
淨兮燦然
黃頭失色
碧眼點頭

걸출한 선지식 동산의 입적을 바라보는 성철과 청담의 비유는 공空과 색色만큼이나 다르다. 청담은 큰 법당이 무너지고 횃불이 꺼졌다 하고, 성철은 부처가 얼굴빛을 잃고 달마가 고개를 끄덕인다 하고 있는 것이다.

좋은 수좌가 되려면 야반도주에다 줄행랑을 잘 쳐야 한다는 선가의 오래된 우스갯말이 있다. 소임을 뿌리치고 참선하기 좋은 도량으로 도망을 잘해야 공부를 마칠 수 있다는 이야기다.

범어사 시절의 성철도 마찬가지였다. 동산이 안거 철이 되자 해인사로 다시 가면서 성철을 용성이 머물고 있는 범어사의 산내암자인 내원암으로 보냈다. 용성을 시봉하는 시자가 되라는 당부였다. 처음에 성철은 순순히 내원암으로 갔으나 얼마 지나지 않아 용성이 서울로 가자고 했을 때 부산역까지만 전송하고는 슬그머니 줄행랑을 쳤다. 성철이 도망쳐 간 곳은 통도사의 백련사白蓮舍라는 암자였다.

성철은 그곳에서도 오래 머물지 못했다. 속가의 아내가 갓난아기를 데리고 그곳까지 찾아온 때문이었다. 다시 성철은 운부암 선방으로 야반도주를 했다.

침묵하라, 그대를 벙어리라 말하지 않으리라

암자와 그 둘레가 변한 풍경을 보면 쓸쓸함이 먼저 든다. 암자를 보수 관리하기 위해서는 어쩔 수 없다 하더라도 본래의 것을 변형하거나 훼손해서는 곤란한 것이다. 자연을 유심히 보라. 끊임없이 변해도 변함없는 그대로의 모습이 바로 자연이 아니던가.

사람의 손을 탔건 어쨌건 간에 무엇이 변한다는 것은 추억의 한 토막이 잘리는 느낌이 든다. 잘려나간 옛것은 더 그리워지는 법이다. 개울가의 붓꽃 한두 송이나 이끼 낀 돌담 한 쪽이라도.

운부암도 변해가고 있다. 그래도 주변의 풍경만은 예나 지금이나 마찬가지다. 암자를 에워싼 산자락은 뭉게구름처럼 여전히 부드럽고, 암자는 물에 잠긴 달처럼 다소곳이 고요하다. 다만 예전에 보지 못했던 연못이 하나 생겼다. 암자 앞에 새로 판 연못이다. 연못 둘레에는 장승 같은 소나무가 심어져 연못에 그림자를 드리우고 있다.

나그네는 소나무들에게 운부암을 거쳐간 고승들의 법명을 붙여주면 어떨까 싶기도 하다. 성철, 향곡, 일타 등등……. 세 분 모두 독특한 가풍을 남기신 분이다.

성철이 지혜의 상징인 문수보살 같은 분이었다면, 향곡은 불법을 향해 눈 부릅뜬 금강역사 같은 분이었고, 일타는 자비의 상징인 관세음보살 같은 분이었던 것이다. 암자의 누각인 보화루 입구에 예전에 없던 글씨도 보인다.

'이곳은 성철 스님이 수행한 도량입니다.'

실제로 운부암은 성철이 '무' 자 화두를 들고 치열하게 수행했던 암자였다. 출가 이전부터 성철의 화두는 중국의 고승 조주가 남긴 '무' 자였다. 성철은 조주의 준엄한 당부를 좌우명 삼아 '무' 자 화두와 밤낮으로 씨름판을 벌였다.

"십 년, 이십 년 입을 열지 말고 말없이 공부하거라. 그래도 너희를 벙어리라 말하지 않으리라. 이렇게 공부하여도 성취가 없거든 노승의 머리를 베어가라."

배움의 길은 날마다 더하고, 도의 길은 날마다 덜어간다. 덜고 또 덜어 아주 덜 것이 없는 곳에 이르면 참다운 자유를 얻는다.
운부암 돌탑

노자의 말도 성철에게는 힘이었다.

"배움의 길은 날마다 더하고, 도의 길은 날마다 덜어간다. 덜고 또 덜어 아주 덜 것이 없는 곳에 이르면 참다운 자유를 얻는다."

운부암에서 하안거를 마친 성철은 다시 바랑을 메었다. 금강산의 절 중에서 선승들이 가장 좋아하는 마하연으로 가기 위해서였다. 운부암에 더 남기로 한 향곡은 성철을 떠나보냈다.

당시 마하연에는 80여 명의 스님들이 있었는데, 대부분 절 부근에 위치한 산내암자에서 머물며 수행했다. 성철이 마하연에 도착하여 바랑을 풀었을 때는 고승 만공滿空과 석두石頭는 이미 떠났고, 선방인 만회암에는 수월水月의 제자 묵언默言 수좌가 정진하고 있었다.

성철은 마하연에서 바로 만회암으로 올라갔다. 만회암에는 범어사에서 잠시 만났다 헤어진 자운慈雲이 미리 와 가부좌를 틀고 있었다. 성정이 격한 성철은 참선도 격렬하게 들었다. 자운이 한 걸음씩 내디디며 봄바람처럼 수행한다면 성철은 태풍처럼 사납고 거세게 몰아붙였다.

성철은 산청에서 속가 어머니가 찾아왔지만 만나지 않았다. 정이 떨어질 만큼 차갑게 외면했다. 어머니 강상봉이 자신에게 다가오자 돌멩이를 던지기도 했다. 자신은 속가의 인연을 끊었으니 더이상 자식이 아니라며 박대했다. 그러나 자운은 다음과 같은 말로 성철의 마음을 돌렸다.

"철 수좌. 자기를 낳아 길러준 가장 은혜 깊은 부모가 굶어 죽더라도 눈 한번 거들떠보지 않는 무서운 마음, 이것이 수행자의 결심이네. 허나 이러한 마음도 방편일 뿐, 방편에 걸려서는 견성을 이룰 수 없는 법이네. 그러니 좋은 기회라 생각하고 장애를 시험해보시게. 어머니 보살을 업고서라도 화두가 순일純一한지를. 만약 화두가 성성하지 않거든 아직 공부가 덜 된 줄 알게."

이런 자운의 설득과 선방 스님들이 모두 떠미는 바람에 성철은 물러섰다. 훗날 자운 스님의 얘기를 빌리자면 고집을 꺾은 성철은 일주일 동안이나 어머니를 업고 금강산을 구경시켜드렸다고 전해진다.

성철은 훗날 제자들에게 절속絶俗, 즉 속가와의 인연을 단절하라며 이렇게 당부하곤 했다.

'세속은 윤회의 길이요, 출가는 해탈의 길이니 해탈을 위하여 세속을 단연히 끊어버려야 한다. 부모의 깊은 은혜는 출가수도로써 보답한다. 만약 부모의 은혜에 끌리게 되면 이는 부모를 지옥으로 인도하는 것이니, 부모를 길 위의 행인과 같이 대하여야 한다.'

저잣거리에 사는 나그네의 입장에서 보면 피도 눈물도 없는 수행자가 인정머리 없게도 느껴지지만 조사의 반열에 오른 중국의 동산東山 양개良价선사가 막 출가한 20대에 자신의 어머니에게 보낸 편지를 보면 성불의 의지가 얼마나 간절한지 고개가 끄덕여지기도 한다.

'엎드려 듣자오니 어렸을 적에 젖을 먹여주신 정이 소중하고 길러주신 은혜가 깊으니 온갖 재물과 좋은 음식으로 봉양할지라도 어찌 다 갚을 수 있으리오. 망극한 은혜를 갚고자 할진대 출가한 공덕만 한 것이 없는지라, 생사의 집착을 끊고 번뇌의 고해를 넘어 천생에 부모에게 보답하고 만겁의 자애로운 육친에게 보답하고자 하나이다.

양개는 금생의 몸과 생명을 버리도록 맹세코 집으로 돌아가지

살아서는 서리가 내려도 푸름을 잃지 않는 소나무처럼, 죽음에 임해서는 물에 비치었던 달처럼 아무런 흔적을 남기지 않으리라. **운부암 선방인 운부란야**

아니하고, 영겁의 육근 육진을 가지고서 단박에 반야를 밝히려 하오니, 엎드려 바라옵건대 부모님께서는 아들에 대한 애착을 버리시어 연연해 마시고 부처님의 아버지인 정반왕을 배우시고 황후 마야를 본받으시옵소서.

　모름지기 눈물을 뿌리며 자주 떠올리지 마시고 애당초 나의 몸 없는 것같이 여기소서. 권속의 애정을 하직하고, 불법을 밝혀 자애로운 어버이에 보답하고자 하나이다. 수풀 아래에서 흰 구름으로 항상 도반을 삼고, 문 앞에 푸른 봉우리로 이웃을 삼으오리다. 세상의 명예와 이익을 벗어나고 인간의 애정과 친함을 영원히 결별하오이다.'

　마하연은 10월부터 눈이 내려 쌓이는 탓에 스님들은 겨우내 눈과 씨름해야 했다. 성철은 자운에게 불평을 털어놓았다.

　"금강산이 좋기는 한데 눈 치우다 세월 다 보내겠다. 공부는 언제 하노. 내년 하안거는 다시 팔공산 동화사에서 살 끼다."

　"금강산 한 철 공부가 다른 데 몇 철 공부보다 낫데이. 그러니 꾹 참고 있다가 여름을 나보소."

　성철은 마하연에서 동안거와 하안거를 보낸 후 또다시 눈 치울 것을 걱정한 나머지 팔공산 동화사로 내려와버렸다. 1940년 그의 나이 29세 때의 일이었다.

　동화사 선방인 금당선원으로 들어간 성철은 여전히 '무' 자 화두를 든 채 동정일여動靜一如에서 몽중일여夢中一如로 나아갔다. 동정일여란 언행하는 사이에도 화두가 들린 상태였고, 몽중일여란 잠을 자면서 꿈을 꾸는 동안에도 화두가 성성하게 나타나는 경지였다.

드디어 성철은 몽중일여에서 잠자는 동안에도 화두가 들리는 숙면일여熟眠一如까지 경험했다. 숙면일여까지 가게 되면 화두는 산이 무너지듯 저절로 타파되는 법이었다. 화두를 깨치는 순간 오매불망 찾던 본래의 마음자리가 드러났다. 성철은 선방의 좌복을 박차고 나와 팔공산 산자락을 지그시 응시하며 미소를 지었다. 성철은 마음자리自性를 보고 난 깨달음을 노래했다. 이른바 오도송이었다.

  황하수 서쪽으로 거슬러 흘러
  곤륜산 정상에 치솟아 올랐으니
  해와 달은 빛을 잃고
  땅은 꺼져 내리도다
  문득 한번 웃고 머리를 돌려 서니
  청산은 예대로 흰 구름 속에 섰네.
  黃河西流崑崙山
  日月無光大地沈

십 년, 이십 년 입을 열지 말고 말없이 공부하거라. 그래도 너희를 벙어리라 말하지 않으리라. 이렇게 공부하여도 성취가 없거든 노승의 머리를 베어가라. 운부암 벽에 그려진 **달마도**

遽然一笑回首立
靑山依舊白雲中

 오도의 순간을 표현하는 방식은 선승마다 달랐다. 스승의 목을 조르거나, 문을 박차거나, 어떤 수좌는 춤을 덩실덩실 추기도 했다. 성철은 해와 달이 빛을 잃고 땅이 꺼지는 황홀경 속에서 부처가 연꽃을 들었을 때 가섭존자가 그랬던 것처럼 염화미소를 넌지시 지었다.

 운부암 벽에 그려진 달마도가 걸음을 멈추게 한다. 눈 부릅뜬 달마도 그렇거니와 옆에 씌어진 글이 재미있다. 달마 스님이 길손들에게 장난스러운 몸짓으로 주의를 주는 것 같다.
 '쉿, 달마 큰스님 정진중, 선원스님도 공부중, 참배는 조용히.'
 그래도 나그네는 출입이 금지된 선방 뒤쪽의 한주실閑主室까지 들어가 기웃거린다. 한주란 선방 소임 중에서 구참 수좌를 예우하여 부르는 말이다. 한주스님은 없고 무쇠솥만 보인다. 저 한주실이 바로 성철이 머물며 정진했던 골방이다. 무쇠로 만든 검은 솥을 보고 있자니 성철 스님이 떠오른다. 아궁이의 불길 속에서도 제자리를 지킨 무쇠솥이 아닐 것인가. 꿈쩍 않는 저 무쇠솥이야말로 엉덩이를 방바닥에 눌러 붙이고 용맹정진했던 젊은 날의 성철 스님 같게만 보인다.

　아으, 나그네는 어느 세월에 번뇌의 불구덩이에서도 무쇠솥처럼 제자리를 지키며 살꼬. 지나간 시간을 헤아려보니 본래의 자신에게 미안하기도 하고 부끄럽기도 하다.

"총독부 국장이 복천암은 왜 찾는가?" "총독부 국장이 고명한 선승을 만나고 싶다 하여 큰절 주지스님은 성철 스님과 청담 스님을 소개하려 한답니다." 성철 스님은 잠시 묵연히 하늘을 우러렀다. 그러고는 청담 스님에게 돌연 엉뚱한 제안을 해왔다. "화창한 봄날이제. 하늘은 맑고 푸르데이. 이런 날은 봄산에 올라 새로이 솟는 나물을 뜯는 게 좋겠어. 어때 함께 가지 않을끼가?"

복천암 흐르는 물이
온몸을 다 바쳐 살라 하네

물 흐르듯이, 혹은 구름 흐르듯이

복천암은 법주사 산내암자이다. 법주사 오른편 계곡을 따라 오르면 비구니 수행도량 탈골암이 나오고 그 다음에 물맛 좋기로 이름난 복천암이 나타난다. 아마도 복천암이란 암자명도 '건강의 복을 내리는 물'이 솟는다는 근거에서 유래했을 것이다.

법주사를 지나치자니 웃음이 나온다. 나그네의 모교 후배들이 문학 교실을 법주사에서 갖는다기에 따라왔다가 낭패를 본 적이 있다. 법주사 선방 담 너머에서 후배들이 술을 마시며 고성으로 토론했다가 다음날 아침에 선방 선원장스님의 불호령이 떨어졌던 것이다. 선방의 젊은 수행자들의 반감은 요지부동이었다. 급기야 영문을 모르던 주지스님이 선방으로 올라가 자신의 부주의를 시인해야 했고, 또한 후배들 모두 법당으로 가서 백팔배를 하여 참회하는 조건으로 사건은 매듭지어졌다.

지금 생각하면 모두 다 문제가 있었던 것 같다. 고지식한 젊은

흐르는 물의 시제는 현재진행형만 있다.
모든 것에는 과거의 흔적이 있지만 흐르는 물에는 지금이라는 순간만 있다.
그래서 지금을 사는 물은 온전한 삶이다.

수행자들의 태도도 유연했으면 좋았을 것 같고, 수행자들에게 무례를 보인 후배들 역시 잘못이 적지 않다. 담 하나를 사이에 두고 승과 속이 부딪쳤던 한밤중의 사건이었다. 담 안쪽은 수행 정진의 열기로, 담 바깥은 낭만의 열정으로 뜨거웠던 밤이었다. 서로의 공통분모를 찾자면 풋풋한 젊은이로서 자신이 추구하는 것을 향해 치열하게 접근하고 있었다는 점이었을 터이다.

무엇이 그리도 가슴을 뜨겁게 했던 것일까. 전류의 저항이 큰 전도체일수록 물은 더 빨리 끓는다. 상식과 타성을 거부하는 젊은이의 가슴도 전도체의 저항 같은 것이 아니었을까. 이치가 그러하므로 수행자는 온몸으로 화두를 들지 않을 수 없었고, 출가하지 않은 문학청년들은 술이라도 마시지 않을 수 없었던 것이리라.

잠시 걸음을 멈추고 흐르는 계곡물을 무심히 바라본다. 흐르는 물의 시제는 현재진행형만 있다. 모든 것에는 과거의 흔적이 있지만 흐르는 물에는 지금이라는 순간만 있다. 흐르는 물은 과거로 돌아가거나 미래를 사유하지 않는다. 그래서 지금을 사는 물은 온전한 삶이다.

최근 나그네는 나그네의 홈페이지에 온전한 삶에 대해서 사색한 바를 다음과 같이 적어놓았다.

온전하게 산다는 것은

내가 주인공이 되어
내 정신으로 깨어 있다는 말이다.

온전하게 산다는 것은
지금 이 순간을 놓치지 않는다는 말이다.

온전하게 산다는 것은
치열하게 개성을 드러낸다는 말이다.

온전하게 산다는 것은
나만의 꽃을 피우고 산다는 말이다.

그렇다.
물 흐르듯이如水流.
현재의 시간에 온몸을 다 바쳐 살아야 한다. 이것이 천 년을 하루같이 흐르는 계곡물의 무정설법이다.

운수납자雲水衲子란 말에도 구름 흐르듯이, 혹은 물 흐르듯이 지금 이 순간에 온몸을 바치라는 의미가 담겨 있다. 운수납자를 일컬어 누더기 걸치고 정처 없이 떠도는 방랑자로 해석해서는 안 된다. 수행자는 결코 동가식 서가숙하는 방랑자가 아니다. 틈이 날 때마다 산중을 떠도는 나그네 역시도 방랑자가 아니다. 나를 찾아

떠난 길 위에 서 있을 뿐이다. 수행자들의 살림살이가 궁금하여 기웃거리고 엿보는 관음증 환자가 아니다.

언젠가 법정 스님이 성철 스님께 "스님께 인격 형성의 영향을 준 서책이 있다면 어떤 것입니까?" 하고 물었을 때 성철 스님께서는 "내가 제일 크게 영향을 받았다고 생각되는 조사스님네 어록은 《조주록》과 《운문록》입니다"라고 했다.

조주선사 역시 물 흐르듯이 구름 흐르듯이 사셨던 분이다. 소나 말처럼 중생에게 헌신하라고 이류중행異類中行을 외치던 남전선사에게 구족계를 받고 난 후 한 절에 머물지 않고 제방을 두루 돌아다녔는데 무려 60여 년, 선사의 나이 80세가 되어서야 조주성趙州城 동쪽 관음원에 주석하였던 것이다.

그때 선사가 남긴 유명한 말은 오늘에도 하심하지 못하는 나그네를 부끄럽게 한다.

"일곱 살 먹은 어린아이라도 나보다 낫다면 나는 그에게 물을 것이요, 백 살 먹은 노인이라도 나보다 못하다면 나는 그를 가르치리라."

그 스승에 그 제자란 말은 이런 경우를 두고 하는 말일 터이다. 조주는 관음원에 주석하면서 110세가 넘어 자신을 찾아온 제자들에게 준엄하게 꾸짖는다.

"노승이 구십 년 전 마조대사 문하에서 팔십여 선지식을 친견하였는데, 모두가 솜씨 좋은 선지식들로서 가지와 넝쿨 위에 또 가지와 넝쿨을 만드는 지금 사람들과는 달랐다. 성인이 가신 지가 오래되어 한 대代 한 대가 틀리게 나날이 다르다. 남전 스님께서는 항상 말씀하시기를 '이류중행하라'고 하셨는데, 그대들은 어떻게 이해하는가? 요즈음은 주둥이가 노란 어린 것들이 네거리에서 이러쿵저러쿵 법을 설하여 널리 밥을 얻어먹고 절을 받으려 하며 삼백 명이고 오백 명이고 대중을 모아놓고는 '나는 선지식이고 너희는

극단에 치우침 없이 바르게 보고, 생각하고, 말하고, 실천하고, 바른 목적을 향해 가고 있는가. 일념으로 전체를 성찰하는 이야말로 지혜의 눈을 뜬 붓다를 닮은 사람이리라. 복천암 선원장스님

학인이다'라고 하는구나."

이제 복천암은 조금 더 오르면 다다른다. 복천암은 공민왕과 세조가 자주 찾았던 암자이다. 그들이 찾았던 이유는 복천암의 약수 때문이 아닌가 싶다. 복천암은 신라 성덕왕 19년(720)에 진정眞靜 스님이 창건하였으며 고려 때는 공민왕이, 조선 때는 세조가 자주 찾았던 암자라고 전해진다. 지금도 다녀간 왕들의 흔적이 남아 있는데, 공민왕의 무량수無量壽라는 붓글씨가 그것이며, 세조와 세종의 일화들이 구전되고 있다. 세종은 암자의 신미信眉대사를 불러들여 한글 창제 중인 집현전 학자들에게 범어의 자음과 모음 체계를 설명케 했다고 하며, 암자의 사적비에도 기록되어 있지만 신미대사의 공로를 인정하여 한글이 반포된 후 암자에 미타삼존상을 조성 봉안케 하였으며, 이어 문종은 혜각존자慧覺尊者라는 호를 내렸다고 한다.

복천암 선원장 월성 스님은 구참 선객이다. 스님을 처음 만난 것은 지리산 상무주암에서였다. 나그네에게는 그때의 기억이 또렷하다. 암자 마루까지 빗발이 들이치고 있었는데, 두 스님이 법거량을 하고 있었다. 두 분은 상무주암의 현기 스님과 그를 찾아온 월성 스님이었다.

월성 스님은 전형적인 선승이지만 복천암에 머물렀던 신미대사의 한글 창제에 대한 공적을 학승처럼 깊이 연구하고 있는 분이다.

스님을 만나면 신미대사의 얘기부터 들어야 한다. 이번에도 예외가 아닐 것이다. 월성 스님의 얘기는 대충 이렇게 시작된다.

"제주도 고관사의 고불이 인사동에 나와 있었는데 그 고불의 복장에서 신미 스님의 기록이 나왔습니다. 집현전 학사였던 김수온은 신미 스님의 친동생이었습니다. 그런데 유학자들이 신미 스님께서 한글 창제에 참여했다는 사실을 실록에서 다 빼버렸습니다. 그러나 영산永山 김씨 족보에는 다 나옵니다. 왜 신미 스님께서 집현전에 참여한 사실을 유학자들이 삭제한지 아십니까? 한글 창제를 누가 주도적으로 연구했느냐는 문제가 대두되기 때문이었을 겁니다."

그러나 월성 스님은 신미 스님이 한글 창제에 참여했다는 근거를 다음과 같이 댄다.

"첫 번째는 세종대왕이 한글 창제의 초석을 다진 신미대사에 대한 고마움의 표시로 복천암에 삼존불을 시주했고요, 두 번째의 이유는 문종은 부왕(세종)의 뜻을 받들어 유생들이 십여 번의 상소를 올려 격렬하게 반대했으나 신미대사에게 혜각존자라는 시호를 내렸습니다. 세 번째는 신미 스님의 주도로 한글이 만들어진 것을 세조가 4년간 보았기 때문에 스님을 존경한 나머지 복천암에 법문을 들으러 온 것입니다. 네 번째는 세조가 죽고 나자 집현전 일부 학자와 유림의 유생들이 한글을 과소평가하기 시작했습니다. 집현전 유학자들이 주도적으로 한글을 창제했다면 그렇게 반대했겠습니까?"

월성 스님은 세조와 세종의 신미 스님에 대한 신뢰는 절대적이었다고 주장하기도 한다.

"신미 스님이 세조에게 부탁하여 오대산에 적멸보궁을 지어 부처님 정골사리를 봉안케 하였지요. 그때 신미 스님께서는 제자인 학열 스님을 오대산으로 보내 불사를 감독케 했지요. 세조의 그런 공덕이 있었기에 상원사 앞 계곡물에서 목욕을 하다 문수동자를 만나고 다음날 등창이 다 나았다는 얘기가 전해진 겁니다. 세종이 한글 창제 후 불경을 언해하기 시작한 것도 신미대사의 영향으로 봐야 합니다. 언해할 서책이 많은데 왜 하필이면 불경부터 먼저 했겠습니까? 신미대사의 요청이 있었다고 봐야 합니다."

신미대사가 한글 창제에 간여한 이유는 자음과 모음으로 이루어진, 즉 표음문자인 그의 범어 실력 때문이었다. 한글 창제를 연구하던 세종이 전국 각지에서 학자들을 찾던 중 신미대사의 범어 실력을 인정하여 발탁하였던 것이다. 신미의 고향은 영동이었고, 그의 부친 김훈은 진사 급제한 후 사후에 영의정을 추증받은 분이었다. 신미도 어린 시절에는 한학을 배워 사서삼경을 마쳤고, 출가한 후에는 해인사 장경을 열람하였는데 한문 번역이 마음에 차지 않아 범어로 된 원문을 직접 읽기 위해 독학으로 범어를 공부하여 터

득했다고 전해진다.

세조와 신미대사 간에 서로의 신뢰가 얼마나 컸는지 알 수 있는 기록이 있다. 세조 10년(1464)에 기록된 오대산 상원사 중창 권선문이 바로 그것이다. 세조의 수기手記로 된 권선문은 다음과 같이 씌어 있는 것이다.

'이 세상에는 일곱 가지 중요한 일이 있는데, 삼보佛法僧, 부와 모, 군君, 선지식善知識이 그것이다. 삼보는 현실을 박차고 떠남을 근본으로 하고, 부모는 자식을 키우는 것을 근본으로 삼고, 임금은 백성을 보호함을 근본으로 삼고, 선지식은 미혹에 빠진 자를 인도함을 근본으로 삼는다.

나는 일찍이 잠저(대군 시절)에 있을 때부터 혜각존자를 만나 도道가 합하고 심기가 서로 화합하였다. 매번 속진의 길에서 나를 포섭하여 이끌고 나로 하여금 항상 깨끗함을 지니게 하여 탐욕의 수렁에 빠지지 않게 하였다. 지금 오늘에 이르게 된 것이 어찌 스승(신미대사)의 공덕이 아니겠으며, 다겁의 깊은 인연이 아니면 어찌 능히 이토록 계합할 수 있으리오.

지금 내가 병이 들었음을 듣고 수백 리 밖에서 주야로 달려 나에게 이르렀으니 이것을 고상한 일로 삼지 않으면 어찌 중생을 제도하는 대비大悲라 할 수 있겠는가. 놀라고 감동하여 흘리는 눈물이 끝없다. 또한 스승께서는 학열 스님, 학조 스님과 함께 나를 위해 옷을 팔아 영찰靈刹을 중창하는 비용으로 쓰고자 함을 들었다. 스승이 나를 위해 마음 쓰는 것을 보니 나 역시 스승을 위해 감은하는 것이 사람의 도리가 아니겠는가. 까닭에 나는 스승들을 위해 기꺼운 마음으로 얼마간의 비용을 보태 구경의 올바른 연緣으로 삼고자 한다. 이것이 직심直心의 보리菩提인 것이다. 이에 세자에게 부촉하여 영원히 후사後嗣로 드리우고자 한다.'

선승에 의해 선방으로 환생한 복천암

복천암이 선방으로 이용된 것은 해방 전이 아닐까 싶다. 청담과 성철이 찾아와 수행을 하면서부터 선방의 명성을 얻기 시작했음이다. 성철이 복천암까지 오게 된 사연은 이러했다. 동화사 금당선원에서 오도송을 남긴 후, 다음해 하안거를 나기 위해 성철은 효봉이 있는 송광사로 당당하게 갔다. 이때 성철은 송광사에 먼저 와 있던 젊은 일타와 도우에게 깊은 인상을 남겨주었다.

당시를 회상하는 일타 스님의 말을 그대로 옮기자면.

"내 나이 열여덟 살 때였지요. 일대사 인연을 마치겠다는 각오로 열흘 동안 떨어진 짚신을 신고 걸어서 간 곳이 송광사였어요. 그래서 뵌 분이 송광사 조실스님인 효봉 스님이었지요. 철 스님께서는 여름 결제 직전, 저녁 공양 후 오셨어요. 공양을 끝내고 나오는데 대중들이 '철 수좌 왔다, 철 수좌 왔다' 했지요. 어떤 스님은 '팔만대장경을 거꾸로 외우는 분'이라고도 부러워했어요."

이때 일타의 뇌리에는 성철의 첫 인상이 강하게 각인되었다.

"조실스님인 효봉 스님과 나이가 아주 많은 입승스님인 지영월 스님 앞에 절을 하고 앉아 있는데 굉장한 스님 같았지요. 훤칠한 이마에다 눈빛은 빛나고 어깨는 당당하고."

다른 스님 같으면 절을 한 뒤 잠시 무릎을 꿇고 앉는 것이 보통인데, 성철은 책상다리를 하고 앉았다. 그러자 몇 마디를 나눈 뒤 입승인 영월이 고개를 저었다. 도전적인 성철의 태도에 속이 뒤틀린 것이었다.

"생식을 하는 스님은 여기 대중과 같이 지낼 수 없네."

젊은 일타가 보기에는 거절하는 영월보다 성철의 태도가 더 의젓했다.

"잘 알겠십니더. 며칠 쉬어 가겠십니더."

"그거야 철 수좌 알아서 하게."

"그럼, 이만 나가보겠십니더."

방부를 들여달라고 사정이고 뭐고가 없었다. 아무 말 없이 뚜벅뚜벅 걸어나갔다. 성철이 묵을 방은 국사전 노전이었다. 노전에 머물고 있던 젊은 도우도 성철의 기개에 반하고 말았다. 그래서 영월을 찾아가 사정했지만 소용없었다. 도우 스님의 얘기를 다시 옮기

운수납자를 일컬어 누더기 걸치고 정처 없이 떠도는 수행자로 해석해서는 안 된다. 수행자는 결코 방랑자가 아니다. 나를 찾아 떠난 길 위에 서 있을 뿐이다. **정혜사 돌탑**

자면.

"그래서 며칠 머물다 성철 스님이 송광사를 떠났지요. 내가 신도들 염불을 해주는 노전을 보던 때라 돈이 좀 있어 스님께 차비를 드렸던 기억이 납니다. 나도 그해 송광사를 떠났어요. 선방이 있는데도 수좌를 받지 않는 절이라는 생각이 들어 정이 떨어졌던 게지요. 더구나 호열자가 돌아 선방에서도 참선은 시키지 않고 파리채 만들어 파리만 잡으라고 해대니 절을 떠났던 게지요."

일타와 도우는 성철을 대하고는 소위 '말뚝신심'이 났다. 일타는 생식하는 성철에게 상추를 뜯어다 바쳤고, 도우는 자신의 새 바랑을 주기도 했다. 송광사의 영월이 성철을 받지 않은 것은 바로 이런 이유였다. 겉으로는 성철이 생식하는 것을 내세워 거절했지만 사실은 성철이 바른 소리를 잘할 것 같아서였다. 대중생활하면서 고분고분 얌전하게 머물기보다는 수틀리면 어른이고 누구고 간에 탁 바른 소리를 할 것 같은 것이었다.

그리하여 성철이 찾아간 곳은 정혜사였다. 그러나 만공은 정혜사를 떠나고 없었다. 할 수 없이 성철은 정혜사에서 동안거를 보내고 난 후에야 만공이 숨어들어간 간월암으로 갔다. 정혜사에서 동안거를 보내면서 소득이 있었다면 평생 도반 청담을 만난 일이었다. 청담은 성철보다 10년 연상이었지만 성철을 진정한 도반으로 맞아들였다. 진리의 길을 가는 수행자에게는 세속의 나이는 별로 중요하지 않았다.

　간월암에서 만공을 만난 성철은 조그만 토굴에서 1년을 함께 보냈다. 그러나 성철은 만공과 견해의 차이를 느꼈다. 어느 날 만공이 자신의 견성 체험을 얘기하던 중이었다.

　"견성한 게 몇 번이더라. 봉곡사에서 한 번, 동화사 금당선원에서 한 번, 또 천장암에서 한 번, 모두 세 번을 활연대오했네."

　"모두 세 번이라 했능교."

　성철은 만공에게 처음으로 실망했다. 조사들은 활연대오 한 번으로 영원히 끝난다고 했는데, 어떻게 세 번이나 깨쳤다는 것인지 이상하지 않을 수 없었다. 성철은 호미자루를 밭고랑에 내려놓고 다시 물었다.

　"화두는 오매불여 성성하십니꺼."

　"성성하지."

　"어떻게 성성합니꺼."

　"김매는 이 배추밭에서 화두를 들면 풀 대신 배추를 뽑게 되네. 또 그런 실수를 안 하려고 조심하면 화두가 달아나버리고 말지."

　성철은 혼란스러웠다. 이건 오매불여는 고사하고 동정일여의 경지도 아니지 않은가. 자나 깨나 몸이 움직이든 말든 화두가 늘 머릿속에 성성해야만 활연대오라 할 수 있지 않겠는가. 그런데도 배추를 건드리지 않고 풀을 뽑으려고 신경을 쓰면 화두가 달아나버린다니 말이나 되는가. 화두라는 약으로 병이 나았으면 그만이지 왜 계속 약을 먹어야 한다는 것일까.

성철은 의문에 사로잡혔다. 문득 청담이 떠올랐다. 지난해 정혜사 마당에서 겨울밤의 잔별들을 우러르며 그들은 이렇게 맹세했던 것이다.

"우리 조그만 토굴로 들어가서 도토리 밥으로 주린 배를 면하더라도 조사 어록을 스승 삼아 공부하세."

조그만 토굴이란 복천암 선방을 가리켰다. 그들은 약속을 지켰다. 청담이 먼저 와 있었고, 성철이 1년 뒤에 합류했던 것이다.

평등한 성품을 깨달아라

복천암은 문장대 가는 길과 상고암 가는 길로 갈라지는 삼거리 산길에서 왼편으로 조금 올라가면 바로 나타난다. 암자에 들어서자마자 나그네는 수각에 떨어지는 석간수에 목을 축인다. 공민왕이 마시고 세조가 마셨던 복천의 찬물이다. 수각은 육영수 여사의 어머니인 이경령李慶齡 보살이 박정희 전 대통령에게 시주금을 받아 보시한 것이라고 한다. 암자에 세워진 다섯 개의 석등과 수각에 각각 이경령이라고 음각된 것을 보니 사실인 것 같다.

불심이 깊었던 이경령 여사는 성철 스님이 말년에 '물러난 늙은

이'라 하여 퇴옹退翁이란 호를 짓고 해인사 백련암에 머물고 있을 때 스님을 친견하고 싶어했던 인물 중 한 사람이다. 그런데 여사는 다리가 약하여 삼천배를 할 수 없었다. 그래서 여사를 안내한 이가 대통령의 장모라는 사실을 강조하며 성철 스님이 백련암에서 해인사로 내려오기를 은근히 기대했다. 그러나 성철 스님은 법당 부처님 앞에 엎드려 삼천배를 하지 않으면 누구도 만나지 않을 것이라며 단호하게 거절했다.

복천암에서도 성철 스님은 유독 권력을 가진 관리에게만은 엄격했다. 당시 성철 스님을 시봉했던 도우道雨 스님이 20여 년 전에 남긴 글을 마침 나그네가 지금도 가지고 있는데, 그 내용을 그대로 소개하자면 다음과 같다.

성철 스님과 청담 스님은 불법의 오묘한 담론과 참선에 대하여 마음속으로 서로 깊은 계합이 있어 서로들 아끼고 존경하는 도반이었다. 두 분은 촌음을 아끼어 선실에서 정진에 여념이 없었다.

성철, 청담 두 분의 수도 정진의 고행이 얼마나 소문이 자자했던지 많은 관리들이 두 분 선승들을 한번 친견하기가 원이었다. 지금도 기억이 뚜렷하지만, 일제시대 때 보은 군수가 여러 번 성철 스님을 친견하고 법어를 듣고자 각종 방법을 통하여 시도하였으나 왠지 성철 스님은 그 청을 번번이 거절하고 선정 닦기에만 전념할 뿐이었다.

성철 스님이 그렇다고 사람들을 싫어하는 것은 아니었다. 방선放禪 시간이나 삭발하고 목욕하며 쉬는 날에 가난한 나무꾼이나 농부, 코흘리개 아이들과 만나게 되면 항상 자비로운 미소로 대하며 '마음이 주인공'이라는 말씀을 알기 쉽게 들려주곤 했다. 그런데 왠지 관리들에게는 엄격한 모습을 보이는 것이었다.

지금도 성철 스님을 두고 느끼는 것은 사자와 같은 느낌이 있으나, 젊은 시절은 더욱 그러한 느낌을 주었다. 특히 두 눈과 눈빛은 보통 사람들은 마주 보기가 무서울 정도로 형형한 빛을 발했다. 사자 같은 눈만이 아니다. 그 법체 또한 사자처럼 우람하고 장중한 느낌을 주었다. 목소리 또한 사자의 포효였다.

그런데 성철 스님은 자신의 의복 빨래는 절대로 남에게 맡기지 않았다. 사자 같은 장중한 선승이 빨래를 하는 모습을 상상해보라. 어느 날 시냇가에 쪼그리고 앉아 빨래를 하고 있는 성철 스님이 하도 청승스러워 나는 한마디하고 말았다.

"큰스님, 빨랫감을 나를 주시든지, 아니면 공양주 보살한테 맡기시지요. 빨래는 여자가 잘하잖습니까."

"에끼!"

사자 같은 눈이 번쩍 빛나며 나무랐다. 성철 스님의 빨래 솜씨는 형편없었다. 때 묻은 옷가지를 흘러가는 시냇물에 휘휘 몇 번 내젓고는 나뭇가지에 척 걸쳐놓는다. 물기가 거의 마른다 싶으면 다른 스님들처럼 다리미질을 하지 않는다. 휙 걷어다가 자신의 발로 밟고서는 그냥 걸쳐버린다. 나는 그때마다 그 빨래 솜씨에 비해 감히 면대하여 웃지 못하고 밖에 나가 마음껏 웃음을 터뜨렸다. 저 고집이란…… 핫, 핫하하.

어느 봄날 아침 방선 시간이 되어 모두 방 안에서 나오는데 법주사 큰절 스님들이 돌연 나타나 복천암 도량을 청소하기 시작했다.

"어어, 웬일이야?"

큰절 대중이 암자까지 동원되어 청소한다는 것은 전에 없던 일이기에 복천암 대중은 놀랐다. 나는 청소하는 이유를 알아냈다.

"무슨 일이가?"

성철 스님이 물었다.

"오늘 정오쯤 총독부 국장이 복천암을 방문한답니다. 그래서 청소를 하는 모양입니다."

"복천암은 왜 찾는가?"

"총독부 국장이 고명한 선승을 만나고 싶다 하여 큰절 주지스님은 성철 스님과 청담 스님을 소개하려 한답니다."

"그래 청소를 한다 이 말이가?"

"예, 그렇습니다."

성철 스님은 잠시 묵연히 하늘을 우러렀다. 이때 청담 스님이 다가왔다. 나는 역시 청담 스님에게 청소하는 이유를 보고했다. 잠시 후 성철 스님이 돌연 엉뚱한 제안을 해왔다.

"화창한 봄날이제. 하늘은 맑고 푸르데이. 이런 날은 봄산에 올라 새로이 솟는 나물을 뜯는 게 좋겠어. 어때 함께 가지 않을 끼가?"

나는 이내 성철 스님의 봄나물을 뜯으러 가자는 뜻을 눈치 채고 나물 캐는 도구를 준비했다. 그러나 청담 스님은 손에 염주를 굴리며 머뭇거렸다.

잠시 후, 성철 스님과 나는 비로봉 바위에 앉아 대화를 나누었다. 성철 스님은 담담한 표정으로 나직이 말했다.

"인간의 성품은 평등하데이. 빈부귀천이 없어. 그런데 현세 사람들은 차별심을 갖고 살고 있어. 오늘의 도량 청소도 차별심 아이가. 무릇 수도인은 모든 사람에게 평등한 마음을 가져야지. 권력자라고 해서 다른 마음을 내어 되겠어?"

어디선가 뻐꾸기 우는 소리가 계곡을 메워왔다. 뻐꾹, 뻐꾹…… 내가 뻐꾸기 이야기를 하려는데 어느 결에 성철 스님은 바위 위에 두 눈을 지그시 감고 좌선삼매에 들어 있었다. 오래전에 성철 스님은 대자연과 온 우주와 합일이 되어 있는 듯 보였다.

당시 성철 스님은 31세였고, 나는 21세의 청년이었다.

나그네는 31살에 무엇을 하고 있었던가. 불가와 인연이 하나 있기는 있었다. 얼마 전에 입적하신 서암 스님을 문경 봉암사에서 밤 아홉 시쯤에 뵈었던 것이다. 당시 스님은 봉암사 조실스님이었다. 말씀을 새겨듣고 문을 열고 나서는 나그네에게 스님께서 화두를 던졌다. 그때 밖은 지척을 분간할 수 없을 만큼 캄캄했었다.

현전일념現前一念하라.

당시는 나그네의 잣대대로 '최선을 다해 살라'라는 뜻으로 좌우명처럼 받아들였다. 그러나 요즘에는 스님의 말씀이 달리 다가온다. '눈앞의 일을 일념으로 살펴보라'이다. 옳은지 그른지, 무엇을 왜 하고 있는지 한 순간도 헛눈 팔지 말고 살펴 살라는 뜻으로 이해되고 있는 것이다. 어느 수행자는 이런 행위를 진정한 삼매라고 정의한 바 있다. 집중이나 몰입은 일에 빠져버리는 상태이지만 삼매는 일에 빠지되 일념으로 전체를 통찰하는 행위라는 것이다.

눈을 뜨고도 보지 못하는 사람을 당달봉사라고 부른다. 부처를 초기 경전에서는 '눈을 뜬 이여!'라고 불렀다. 나그네가 실제로 인도 여행을 하면서 확인한 바다. '눈을 뜬 이'라는 낱말이 부처님 당시에만 사용했던 고어古語가 아니라 지금도 살아 있었던 것이다. 부처님이 《법화경》을 설했던 영축산 정상을 향해 오르는데 자신을 힌두교 신자라고 소개하며 다가온 한 인도 경찰이 이렇게 말하는 것이었다.

"나는 아침마다 붓다가 됩니다."

"힌두교 신자가 붓다가 될 수 있습니까?"

"아침마다 눈을 뜨니까요. 하하하."

인도 경찰이 나그네에게 농담을 하고 있었지만 나그네는 아! 하고 깨달았다. 경전에서만 관념적으로 받아들이던 '눈을 뜬 이여'를 통해 비로소 붓다의 의미가 생생하게 깨달아졌던 것이다. 그렇다. 자신은 지금 극단에 치우침 없이 바르게 보고, 생각하고, 말하고, 실천하고, 바른 목적을 향해 가고 있는가. 일념으로 전체를 성찰하는 사람이야말로 지혜의 눈을 뜬, 의식이 밝게 깨어 있는 붓다를 닮은 사람이리라.

성철은 누구라도 공부가 지지부진하면 용곡으로 끌고 가 찬물에 처넣곤 했다. 어느 날 성철은 청담을 불러내 냅다 멱살을 잡아당기며 법전에게 등을 밀어달라고 소리쳤다. 이윽고 청담은 계곡물에 빠져 장삼을 다 적시고 말았다. "하하하. 철 수좌 고맙소." 분기탱천할 일인데도 청담은 성철의 행동을 우정으로 받아들였다.

봉암사 용곡 물은
예나 지금이나 회초리처럼 차갑네

연탄이 사라진 지금 우리는 행복한가

이른 아침에 가은읍으로 서둘러 들어왔으나 한 끼 공양할 식당 찾기가 쉽지 않다. 승용차로 읍내를 한 바퀴 두리번거리며 돌아보지만 식당들은 영업개시 전이다. 20여 년 전에 본 활기찬 거리와는 판이하게 다르다. 기차가 언제부터 끊겼는지 녹슨 레일 사이로 마른 잡초가 무성하고, 가은역은 아예 문이 잠겨 있다. 탄광촌이 하나 둘 폐쇄되고 광부들이 가은읍을 떠나면서 기차도 함께 사라진 듯하다. 읍이라고는 하지만 예전의 생기를 잃어버린 탓인지 심연처럼 적막하다. 그러고 보니 저잣거리의 대부분 가정에서, 구멍이 뚫렸다고 해서 구공탄으로 불렸던 연탄이 사라진 지 오래다.

겨우 손칼국수 분식점을 발견하고 그곳으로 든다. 텔레비전에서 아침 드라마를 보던 아주머니가 방에서 나와 식당 난로로 연탄을 빼어 돌린다. 그러나 연탄가스 냄새가 새어나와 숨쉬기가 편치 않다. 아주머니가 눈치를 채고 나그네더러 방으로 들어갈 것을 권유

자기 중심으로 세상을 바라볼수록, 또한 더욱더 많이 갖고 싶어할수록 그만큼 행복은 멀어지고 만다.
한국 불교의 기틀을 다진 봉암사 전경

한다.

"가은역을 폐쇄한 지 얼마나 됐습니까?"

"기차가 다니지 않은 지 십 년도 넘을 껍니더. 예전에는 봉암사 스님들이 기차를 타고 외지로 나다녔지예."

정말 오랜만에 보는 구공탄이다. 연탄은 잊혀졌던 대학 시절 자취생활의 추억 한 자락을 끌어당긴다. 한겨울에 두 손을 호주머니에 찌르고 종종걸음 치며 사글세방으로 들어섰을 때 방바닥이 따듯하면 이런저런 일로 얼었던 마음까지 차츰 녹아왔다. 연탄 한 장을 아끼기 위해 공기구멍을 헝겊 뭉치로 꼭 막아두었는데, 언제나 깔아둔 담요 밑으로 손을 넣어 한의사가 진맥하듯이 연탄의 생사를 확인하고는 다리를 쭉 펴고 안도했던 것이다.

'아! 너 죽지 않고 살아 있구나.'

방이, 그것도 아랫목이 따듯한 것만으로도 행복했던 시절이었다. 그때는 밥 한 그릇이 그렇게 고맙고 거룩할 수가 없었다. 그러나 지금은 연탄 한 장, 밥 한 그릇에 행복을 느낀다고 말하는 사람은 드물다. 적어도 의식주가 해결되어 세상은 살기 좋아졌다고 하지만 자신이 불행하고 외롭다고 느끼는 사람은 웬일인지 점점 많아지고 있다. 무엇이 사람을 행복하게 하는 것인지 아리송하다. 그러나 한 가지 분명한 것은 자기 중심으로 세상을 바라볼수록, 또한 더욱더 많이 갖고 싶어할수록 그만큼 행복은 멀어지고 만다는 사실이다.

수행자는 세상 사람들과 달리 욕망을 한 켜 한 켜 덜어내며 사는 사람들이다. 자기를 버리고 남을 위해 살며, 무소유를 실천하며 사는 사람들을 일컬어 우리는 수행자라고 부른다. 여기서 무소유란 모든 것을 다 버린다는 것이 아니라 인간적인 삶에 필요한 최소한의 것만을 소유하고 산다는 말이다. 한마디로 욕심 없이 사는 사람들을 말한다. 그래서 우리들은 향을 싼 종이에는 향내가 묻는 것처럼 그들에게 가까이 다가서려 하고 그들을 존경한다.

아주머니가 밀가루를 천에 둘둘 감아 두 발로 반죽을 이기는 동안 나그네는 김이 나는 손칼국수 한 그릇을 앞에 놓고 잠시 묵언默言에 든다. 김치와 고추조림, 동치미국물만으로도 상은 넉넉하고 아름답다.

"손칼국수 한 지 삼십 년 됐심더. 지금도 봉암사 신도들이 오고 갑니더. 멀리 부산 신도들 중에는 밀가루 반죽째 사가지고 간 사람도 있고예."

손칼국수는 나그네에게 아침과 점심이 돼버린 셈이다. 지금 봉암사에 도착하면 점심 공양 시간일 터이다. 나그네는 가급적이면 공양 시간에 절에 가는 것을 피하고 있다. 보시는 못할망정 수행자들의 한 끼를 덜고 싶지 않아서다.

조계종 종정을 지내시고 돌아가시기 전까지 봉암사 조실로 계셨던 서암 스님의 일화 한 토막이 떠오른다. 고승들은 한결같이 검박한 삶을 살다 가신 분들인데, 스님 역시 이렇게 당부했다. '중은 걸사(乞士: 가난한 공부인)다. 무소유로 살아라. 어디 가서 밥 한 그릇에 간장 한 종지라도 달갑게 받을 줄 알아야 한다. 그러나 그 가운데 화두가 없으면 송장이다. 화두가 생명이니 놓치지 말거라.'

하루는 절에 떡이 남아돌았다. 그래서 시자가 헤프게 주전부리거리 삼아 여기저기 떡을 나누어주고 다녔다. 그걸 보고 스님이 못마땅해서 한마디했다.

"음식을 나누어 먹는 것은 좋은 일이다. 하지만 수행자는 끼니 배만 부르면 되는 것 아닌가. 두고두고 밥 삼아서 먹으면 될 것을 왜 그렇게 음식을 쉽게 처리하느냐?"

어느 동짓날에도 팥죽이 많이 남아 시자가 걱정을 하자,

"원적사에 혼자 살 때는 한 달 동안 팥죽만 먹은 일이 있다. 그래도 아무 탈 없이 공부만 잘했다." 하시어 팥죽이 양동이에서 바닥날 때까지 끼니를 때웠고, 나물 반찬 남은 것을 시자가 몰래 파묻었다가 스님이 아시게 되어 다시 흙 속에서 파다가 깨끗이 씻어 먹은 일도 있었다.

한국전쟁 전에 봉암사에서 도반들과 결사하여 흐트러졌던 조계종의 선풍을 바로 세우고 다졌던 성철 스님의 수행 한 자락도 우리를 부끄럽게 하기에 충분하다. 콩나물 한 가닥이라도 정재(淨財:

깨끗한 물건)라 하여 부처님처럼 어렵게 여겼던 것이다. 언젠가 나 그네가 성철 스님께 띄운 편지(실제로는 부치지 못했다)를 다시 꺼내 읽어본다.

성철 스님.

오늘 저는 스님의 검박함에 대해 생각해봅니다. 요즘의 국가 사정도 사정이려니와 저잣거리에 있는 저희들이 당장 스님의 거룩한 정신을 배워 실천할 수 있는 것과 그렇지 못한 것이 있기 때문입니다.

스님께 귀의하겠다고 작심은 했지만 솔직히 스님의 경지를 어찌 넘볼 수 있겠습니까. 그러나 스님의 검박함에 대해서는 저잣거리에 있는 저희들도 감히 흉내는 내볼 수 있지 않을까 생각됩니다.

스님.

여기 소개하는 일화는 제가 스님 상좌 분들에게서 직접 들은 이야기입니다. 승속을 떠나 모든 사람들에게 귀감이 될 것 같기에 다시 꺼내보이기로 하였습니다. 아껴 쓸 줄 모르고 함부로 소비 생활을 즐기던 이들에게 거울이 되었으면 하는 마음입니다.

스님께서 해인사 백련암에 계실 때였습니다. 어느 날 시자가 공양을 준비하던 중 무심코 썩은 당근 뿌리를 쓰레기통에 버린 일이 있었지요. 스님께서는 부엌을 지나다가 쓰레기통을 보시고는 호통

자기를 버리고 남을 위해 살며, 무소유를 실천하며 사는 사람들을 일컬어 수행자라 부른다. 그래서 우리들은 향을 싼 종이에는 향내가 묻는 것처럼 그들에게 가까이 다가서려 하고 그들을 존경한다. 희양산 봉암사 백련암을 치셨습니다.

"이 당근 누가 버렸노."

시자는 당황하여 이렇게 말했지요.

"썩은 것 같아서 버렸습니다."

그러자 스님께서 기가 막힌 얼굴을 하셨습니다.

"이 녀석아, 이 당근은 너의 것이 아니라 신도들의 것이여. 밥알 하나가 버려지면 그 밥알이 다 썩어 흙이 될 때까지 불보살이 합장 참회하고 있는 것이여. 당장 썩은 부분만 도려내고 나머지는 찬으로 쓰도록 해."

그러나 시자의 눈에는 푸슬푸슬하고 꺼무죽죽하여 썩은 당근으로 보였습니다.

"당근 뿌리 썩은 것 하나 버렸는데 무얼 그리 야단이십니까."

다시 말하자면 큰스님이라고 존경받는 분이 당근 뿌리 하나 가지고 쩨쩨하게 그러시냐는 것이 시자의 소견이었습니다.

이윽고 스님께서 불같이 화를 내셨습니다.

"썩은 배춧잎 하나라도 이리저리 발겨서 쓰는 게 불가의 법도인 줄 안즉 몰랐더냐."

아무 말도 못하고 쩔쩔매고 있는 시자가 안쓰러웠던지 스님께서는 이렇게 말씀하시고는 그 자리를 떠나셨다는 이야기지요.

"도인의 마음은 넓기로 하면 허공과 같지만, 좁기로 하면 바늘 하나 꽂을 틈도 없는 것이여."

스님.

스님께서는 굴러온 돌멩이 하나도 버리지 않았다지요. 방 한쪽에 있던 돌멩이를 시자에게 버리지 말라고 하시더니 어느 날엔가는 다리가 삐딱한 당신 책상의 버팀돌이 되어 있더라는 것입니다. 스님의 방을 뒤져보면 몇십 년 된 철사 뭉치도 있다고 하는데, 그렇다고 스님더러 구두쇠나 욕심쟁이라고 부른 사람은 단 한 사람도 없습니다. 하찮은 물건이라도 버리지 않고, 그것들의 쓰임처를 찾아주는 스님이야말로 진정한 무소유자일 테니까요.

스님.

저는 이 정도의 검박함이라면 별로 놀라지 않았을 것입니다. 웬만한 수행자나 타 종교인도 그 정도는 다 실천할 수 있기 때문입니다. 그렇습니다. 봉암사 시절에는 이런 일도 있었습니다. 하루는 스님께서 우연히 요사채 하수구를 보게 됐습니다. 하수구에는 물이 미처 빠지지 못한 채 고여 있었고요. 그런데 미처 빠지지 못한 물에 동동 뜬 몇 방울의 참기름이 문제가 되었습니다.

스님은 요사채에서 일하던 한 스님을 불렀습니다.

"저게 무엇인가."

"하수구에 버린 물입니다."

"니 눈에는 물만 보이노."

"더러운 물만 보입니다."

그러자 스님의 불호령이 떨어졌습니다. 스님이 거세게 밀치자 그 젊은 스님은 발랑 나자빠졌습니다. 다시 일어난 스님을 보고 또 물었습니다.

"니 눈에는 정말 아무것도 안 보인단 말인가."

그제야 그 스님은 눈을 휘둥그렇게 뜨고 몇 방울의 참기름을 발견하고는 말했습니다.

"예, 스님 참기름이 떠 있습니다."

"그래, 이 당달봉사 같은 놈아. 지금 당장 양동이를 가져오그래이."

"무엇에 쓰려고 양동이를 가져오라 하십니까."

"공양 밥통을 가져오란 말이다."

젊은 스님은 더 묻지 못하고 놋쇠로 만든 양동이를 가져왔다고 합니다. 그러자 스님께서는 두말 않고 이렇게 지시하는 것이었습니다.

"하수구 물을 퍼 담그래이."

양동이에 하수구 물이 반쯤 찼을 때, 스님께서는 목탁을 일정한 간격으로 세 번씩 쳐 큰방에 대중을 모이게 했다고 합니다. 그러고는 대중이 빙 둘러앉자, 각자의 발우에 똑같은 분량으로 하수구 물을 나누게 했다는 것입니다.

"저 스님이 잘못한 게 아니라 우리가 지도를 잘못해서 시물을 버렸다. 그러니 다 같이 마시자는 것이야."

스님.

저는 당시의 정경을 떠올려보며 전율을 느낍니다. 물론 절의 하수구 물이란 저잣거리의 비린내 섞인 것과는 비교할 수 없을 정도로 깨끗할 것이라고 짐작은 됩니다만 그래도 우리 같은 속물들은 그 물을 도저히 마실 수 없을 것입니다.

그런데 스님들은 단 한 사람도 빠짐없이 버려진 몇 방울의 참기름 때문에 참회하는 마음으로 발우에 하수구 물을 똑같이 나누어 마셨다니 소름이 돋는 것 같습니다.

반성해야 할 것들이 너무나 많은 저희들입니다. 스님을 만나려면 삼천배가 아니라 정재를 아껴 쓸 줄 모르는 우리 자신들의 삶을 먼저 참회하는 것이 순서일 것 같습니다. 스님, 몇 방울의 참기름 이야기가 흐려진 눈을 맑혀주는 오늘입니다.

봉암사 입구에 도착하여 관리인 처사에게 선원장 정광 스님의 이름을 대고 산문을 통과한다. 나그네는 공양하는 요사를 피해서 그대로 경내를 지나 백련암으로 오른다. 백련암은 봉암사 경내 끝에서 보일 듯 말 듯한 오른편 산길을 타고 10여 분 오르면 나타나는 암자이다. 암자는 봉암사 도감이자 암주인 법연 스님이 점심 공양하러 내려갔을 터이니 텅 비어 있을 수밖에 없으리라.

고소 밭 주위에는 여전히 검은 비닐 망이 쳐져 있다. 스님의 반찬거리인 고소를 산토끼가 야금야금 먹어치우기 때문이다. 스님의 식구는 산토끼 두 마리, 불두화 나무 밑동의 개미를 먹고 사는 두꺼비 두 마리, 반딧불이 네 마리, 축대 밑에 사는 밀뱀 한 마리 등이다. 복숭아가 주렁주렁 열렸던 나무에는 나뭇잎은 다 지고 꽃 그림자만 잔영처럼 어려 있다.

나그네는 빈 암자 토방 턱에 앉아 성철 스님이 봉암사에서 도반들과 왜 결사했는지 잠시 상념에 잠겨본다. 당시 성철 스님은 선방의 수좌들과 함께 봉암사에서 둥지를 틀었던 것이다. 나그네가 생각하기로는 결사의 의미가 세 가지 정도로 요약이 된다. 부처님 계율과 조사의 유훈을 실천하여 불佛을 이루자는 출가정신의 회복운동이자, 땅에 떨어진 수행자로서의 위의威儀를 바로 세우는 정화운동이었고, 우리 불교 속에 왜색이나 무속, 도교가 섞인 것을 가려내 혁파하자는 쇄신운동이 아니었나 싶다. 당시 봉암사에는 청안, 보문, 일도, 자운, 도우, 보안, 묘엄 등이 먼저 왔고, 2차로 청담이 가세하자, 향곡, 혜암, 월산, 성수, 종수, 응산, 만성, 보경, 법전 등 30여 명이 모여들었다. 성철과 청담은 봉암사 대중의 실정에 맞는 규칙, 즉 함께 생활하는 수행자들의 약속인 공주규약共住規約을 만들었다.

한마디로 부처님 법대로 살자고 맹세하는 청규淸規였다. 고려시대에 나락으로 떨어진 선풍을 다시 중흥시키려 했던 보조국사의 '정혜결사' 이후 실로 7백 몇십 년 만의 결사인 소위 '봉암사 결사'의 내용은 이러했다.

첫째, 삼엄한 부처님 계율과 숭고한 조사의 유훈을 부지런히 닦고 힘써 실행하여 구경究竟의 큰 결과를 원만히 빨리 이룰 것을 기약한다.
둘째, 어떠한 사상과 제도를 막론하고 부처님과 조사의 가르침 이외의 각자의 사견은 절대 배척한다.
셋째, 일상생활에 필요한 물품의 공급은 자주자치自主自治의 표지 아래에서 물 긷고, 땔나무 하고, 밭에서 씨 뿌리며 또 탁발하는 등 어떠한 어려운 일도 사양하지 않는다.
넷째, 소작인의 세조와 신도들의 특별한 보시에 의한 생활은 단연코 청산한다.
다섯째, 부처님께 공양을 올림은 12시를 지나지 않으며 아침은 죽으로 한다.
여섯째, 앉는 차례는 비구계를 받은 순서로 한다.
일곱째, 방 안에서는 늘 면벽 좌선하고 서로 잡담을 엄금한다.

모두 열여덟 개 조항에 이르는 규약들은 파급 효과가 컸다. 상구

자신이 잘났다고 아상을 세우면 듣는 귀가 열리지 않는다. 그런 사람은 당의정 같은 달콤한 말만 들으려 한다. 결국 그는 '귀 속의 귀'가 사라지고 만다. **회초리처럼 차가운 봉암사 용곡 물**

보리 하화중생이라는 수행자의 출가정신을 회복시키는 계기가 되었고, 불교가 본래 모습을 되찾을 수 있었고, 왜색 불교의 잔재가 비로소 사라지게 되었던 것이다.

나그네 혼자 무작정 빈 암자에 앉아 있기도 민망해서 암자 계단을 내려서는데, 저만치서 암주 법연 스님이 올라오신다. 나그네와 스님은 구면이다. 스님의 첫마디는 '따뜻한 밥'이다.

"공양 시간에 왜 여기 와 있습니까? 큰절에 따뜻한 밥이 있어요."

"가은에서 손칼국수 먹고 올라왔습니다."

"그렇다면 차 한잔 하시지요."

"암자 식구들은 잘 있습니까?"

"축대 밑에 긴 놈(뱀)이 한 마리 더 늘었어요."

스님의 다구茶具는 모두 제짝이 아니다. 찻잔들의 빛깔과 모양이 다 다르다. 스님이 다관을 만지작거리며 말한다. 한두 군데의 도요陶窯를 구경하러 갔다가 실패작이라고 하여 주인이 버린 것을 주워 오신 것이라 한다. 스님의 소박한 가풍이 느껴진다. 지금 입고 있는 잿빛 스웨터는 먼저 간 도반 것인데 유품을 태우기 전에 눈에 띄어 가져온 옷이란다.

나그네는 스님이 우려낸 차를 '무소유차'라고 마음속으로 명명해본다. 무소유가 무엇인지 말씀 한마디 한 바 없지만 차 한잔 마시는 것으로 스님의 법문을 다 들은 느낌이다.

암자를 나서면서 스님의 스웨터 역시 부처님이 입었던 분소의糞
掃衣와 다르지 않다고 생각해본다. 분소의란 본래 망자亡者가 버
린 옷을 공동묘지 같은 데서 주워서 만든 가사를 뜻하기 때문이다.

침류교 위에서 진정한 벗을 그리워하다

절 앞으로 흐르는 계곡을 용곡이라고 한다. 나그네는 침류교枕
流橋 위에서 차갑게 소리치며 흐르는 계곡물을 내려다보며 '진정
한 벗'을 그리워해본다. 불가에서는 그런 사람을 도반道伴이라고
부른다.

성철과 청담 사이도 진리를 함께 추구하는 구도의 벗이었다. 청
담이 성철보다 열 살이 많았지만 두 사람은 세속의 나이를 벗어나
평생 도반으로 지냈다. 그들은 서로가 나태해지면 경책의 회초리
를 들었다.

용곡은 성철 스님 당시에는 봉암사 수행자들에게 회초리였다.
성철은 누구라도 공부가 지지부진하면 용곡으로 끌고 가 찬물에
처넣곤 했던 것이다. 청담도 예외는 아니었다. 청담의 참선공부가
진전을 보이지 않자 성철은 법전(현 조계종 종정스님)을 불렀다.

"순호(청담) 수좌가 요즘에는 헛공부 하고 있는 것 같데이. 순호

수좌 혼내주려면 니하고 내하고 힘을 모아야 하는 기라."

"스님, 순호 수좌 공부도 깊습니다."

"그게 뭐 대단한 기고."

"좌선을 누구보다 오래 한 스님입니다."

"방법을 바꿔야 한데이."

"정말 혼내준다는 말입니까."

"그렇다카이."

"안 됩니다. 순호 스님이야말로 철 스님하고 제일 절친한 도반 아니십니까."

"마음 통하는 도반이니 더 그런 기라."

성철은 법전을 겨우 설득해놓고 청담을 불렀다.

"순호 수좌, 순호 수좌."

법전이 마당에서 쭈뼛거리고 있을 동안 성철은 기어이 청담을 불러내고야 말았다. 그러더니 냅다 청담의 멱살을 잡아당기며 법전에게 등을 밀어달라고 소리치는 것이었다. 손쓸 사이 없이 봉변당한 청담이 소리쳐도 이미 소용없는 일이었다.

"철 수좌, 이거 무슨 짓인가."

성철은 청담의 말에 대꾸하지 않고 힘에 부치니까 법전에게 그를 밀어달라고 다시 소리쳐댔다.

"뒤에서 힘껏 밀그래이. 그래야 끌고 가지 않겠나."

등을 떠미는 일을 몇 번 경험한 법전이었다. 다른 스님들도 종종 이런 식으로 끌려가 무지막지하게 계곡물에 처넣어졌던 것이다.

이윽고 청담은 계곡물에 빠져 장삼을 다 적시고 말았다. 그런데 그냥 가사만 홀딱 젖은 게 아니었다. 계곡의 바위에 찢겨진 정강이에서는 피가 뚝뚝 흘러내렸고, 그 피가 계곡물을 붉게 물들이고 있었다. 그래도 청담은 성철 앞에서 결코 화내는 일이 없었다. 성철과 법전을 번갈아 쳐다보더니 큰소리로 웃고 있었다.

"하하하. 철 수좌 고맙소."

분기탱천할 일인데도 청담은 성철의 행동을 우정으로 받아들였다. 청담은 그날부터 젖은 가사를 입은 채 희양산 바위동굴로 들어가 칠일 낮밤 동안 침식을 물리치고 용맹정진하여 여태 경험해보지 못한 참선의 신경지를 맛보았던 것이다.

나그네에게도 성철과 같은, 자신을 깨어 있게 하는 도반이 있는가. 아니, 그보다 먼저 나그네의 가슴과 귀는 진정 열려 있는가. 참다운 친구가 있더라도 아집은 친구의 충고를 뱉어내게 한다. 자신이 잘났다고 아상我相을 세우니 듣는 귀가 열리지 않는 것이다. 그런 사람은 당의정 같은 달콤한 말만 들으려 한다. 결국 그는 '귀 속의 귀'가 사라지고 만다. 중국의 임제선사는 말했다.

'진리의 눈法眼이 밝지 않으면 반드시 빚을 갚게 된다. 염라대왕이 밥값을 청구할 날이 있을 것이다.'

용곡에서 가장 가까운, 5분 거리에 있는 암자는 정광 스님이 계시는 동암東庵이다. 사실 오늘의 여행은 봉암사 태고선원의 선원장인 정광 스님에게 미리 전화를 해두고 온 길이었다. 그래야 산문 출입이 허락되기 때문이었다.

양철지붕이 얹힌 동암은 가난한 시절 산동네의 집처럼 언제 보아도 정겹다. 동암을 에워싸고 있는 후박나무들도 정겹다. 정광 스님은 나그네를 반갑게 맞이하면서 최근에 조성한 서암 스님의 부도를 먼저 참배하라고 권유한다. 그러고 보니 서암 스님의 부도가 지척에 있어 동암이 탑전처럼 느껴진다.

정광 스님은 부도 앞에서 합장을 하고 나그네는 오체투지로 예를 갖춘다. 서암 스님의 가풍은 정신세계마저도 무소유한 것이 아닐까 싶다. 누가 '스님, 왜 병들었습니까?' 하고 묻자 '헤매는 그대의 모습을 보고서 어찌 마음이 편하겠는가?' 가 전부이다. 법문으로 더 이상 드러내지 않는다. 오도송이나 열반송 같은 것도 군더더기로 보아 침묵 속에 묻어버리고 없다. 스님께 시자가 다음과 같이 물었다고 한다.

"스님께서 입적하시고 나서 사람들이 스님의 열반송을 물으면 어떻게 할까요?"

"나는 그런 거 없다."

"그래도 한평생 사시고 남기실 말씀이 없습니까?"

"할 말 없다."

"그래도 누가 물으면 뭐라고 답할까요?"

"달리 할 말이 없다. 정 누가 물으면 '그 노장 그렇게 살다가 그렇게 갔다'고 해라. 그게 내 열반송이다."

이런 사연으로 '그렇게 살다가 그렇게 갔다'가 스님의 열반송이 되고 만 셈인데, 나그네는 시자의 애절한 호소에 마지못해 표현한 '그렇게'의 실체가 궁금하다. '그렇게'란 '부처님 법대로'라는 말씀이 아니었을까. 부처님 법대로 살다가 부처님 법대로 가신 분이기에 그런 헤아림이 든다.

봉암사는 지금 조계종 특별선원으로 지정되어 일 년 내내 산문山門을 닫고 있어 일반인의 출입을 엄격하게 통제하고 있다. 멀리는 신라 구산선문 중 하나인 희양산문의 역사에서 비롯하고, 가까이는 한국전쟁 전 성철과 청담 그리고 향곡, 혜암과 법전 등이 의기투합하여 맹세한 '봉암사 결사'라는 선수행의 치열함이 적적성성寂寂惺惺 오늘에 이르고 있는 것이다.

어떤 신도가 천제굴에서 기도했더니 자기 아들이 시험에 합격했다고 당시 최고급 시계를 보시한 일이 있었다. 신도가 가버리자 성철은 시계를 나무토막 위에 놓고 산산조각이 나게 돌로 부숴버렸다. "중에게 무슨 시계가 필요하노. 공부하는 놈이라면 한순간이라도 시계 볼 여유가 어데 있겠노." 시물은 두렵게 여기라는 성철의 단호한 행동이었다.

원망하는 사람마저
부처님처럼 섬기라

스님은 왜 암자 이름을 천제굴이라고 했을까

　　수년 전의 일이다. 나그네의 산문집 《암자로 가는 길》을 길상사에 계신 법정 스님께 드렸을 때 스님께서는 지나가는 말로 아쉬움을 드러내셨다. 선재동자가 53선지식을 찾아 구법 순례를 하였듯 《암자로 가는 길》에도 53군데의 암자가 소개되었으면 좋았을 것이라는 말씀이었다. 나그네의 《암자로 가는 길》은 모 중앙일간지에 매주 1년간 연재한 기사를 모은 산문집인데, 거기에는 52군데의 암자만 소개되어 있기 때문이었다.

　　그때 나그네는 스님의 의미심장한 말씀에 내심 놀라면서도 '암자 한 군데는 가슴속에 있습니다' 하고 혼잣말처럼 말했다. 주장을 하기 위한 강변이 아니라 중얼거렸던 것으로 기억한다. 그러자 스님께서는 차를 드시다 말고 미소를 지으셨다. 누구라도 가슴속에 추억의 암자가 하나쯤 있을 법하다고 하시면서.

　　나그네의 가슴속에도 암자 하나가 있다. 이 세상에 존재하지 않

나그네의 가슴속에도 암자 하나가 있다. 이 세상에 존재하지 않는, 마음으로만 갈 수 있는 암자이다. 지금은 비록 사라지고 없으나 가장 암자다운 가난한 모습으로 신기루처럼 존재하는 초가의 암자이다. 천제굴을 외호했던 안정사

는, 마음으로만 갈 수 있는 암자이다. 지금은 비록 사라지고 없으나 가장 암자다운 가난한 모습으로 신기루처럼 존재하는 초가의 암자이다.

천제굴闡提窟.

아마도 이런 이름의 암자는 다시는 이 세상에 지어지지 않을 것이다. '천제'란 성불할 성품이 없는 존재를 말한다. 부처님은 모든 중생에게 불성이 있다―切衆生 悉有佛性고 했는데, 불가에 성불할 수 없는 천제라는 말이 있다니 이상할 수밖에 없는 암자 이름이다.

그런데도 성철 스님은 암자에 천제굴이란 이름을 붙이고 살았다. 왜 그랬을까. 제자들에게 성불하지 말자고 암자 이름을 그렇게 붙였을 리는 없다. 암자 이름만 천제라고 한 것이 아니다. 천제굴에 들어온 총명한 한 행자에게도 훗날 법명을 '천제'라고 지어주었다. 그 스님이 바로 성철 스님의 맏상좌인 천제 스님이다.

천제굴도 나그네에게는 하나의 화두다. 왜 천제굴이란 편액을 내어걸었을까. 그러나 그 의문은 천제굴에서 보낸 스님의 삶을 들여다보면 저절로 해소되어진다.

여기서 잠시.

팔공산 운부암을 떠나 만행하던 성철이 어떻게 천제굴까지 이르게 되었는지 살피지 않을 수 없다. 금강산 마하연에서 동안거와 하안거를 보내고 금당선원에서 오도한 성철은 보임(補任: 깨달음을 이룬 후의 정진)을 위해 절을 찾는다. 한번 깨친 후에는 더 닦을 것이 없다는 선어禪語가 돈오돈수頓悟頓修다. 따라서 돈오頓悟한 성철에게 점수漸修는 군더더기에 불과한 것이었으므로 깨친 이후에는 보임이 필요할 뿐이었다. 보임이란 깨달은 진리를 삶에 회향하는 정진을 말할 터이다. 즉 부처님 법대로 사는 것을 말한다. 그렇다면 무엇이 부처님 법대로 사는 것일까. 그 해답은 천제굴에서 얻을 수 있다.

금당선원에서 깨달음을 이룬 성철은 봉암사에서 도반들과 함께 부처님 법대로 살기로 결사結社를 한다. 그러나 희양산에 공비가 출몰하면서 봉암사에서 도반 향곡의 절인 월내 묘관음사로 간다. 거기서 다시 청담이 머물고 있는 고성 문수암으로 가서 한국전쟁 기간을 보낸다. 그런 후 조그만 초가 한 채를 손수 지어 천제굴이라 이름붙이고 들어앉은 것이다.

성철이 천제굴에서 무엇을 공부했을까 하고 살피는 것은 어리석은 일이다. 스님은 이미 동화사 금당선원에서 일대사一大事를 마쳐버린 오도한 선지식이었기 때문이다. 따라서 천제굴 터에는 스님이 보임하신 흔적만 남아 있을 뿐, 부처님 법대로 사신 그림자만 어려 있을 뿐이다.

천제굴은 독립된 처소였지만 위치상 지금의 안정사安淨寺 부속 암자나 다름없었다. 스님은 안정사 주지의 허락을 받아 천제굴을 지을 수 있었고, 천제굴이 지어진 후에도 안정사의 외호를 받았다. 당시 안정사 총무였던 설호雪虎 노스님의 얘기에 의하면 성철을 만나고 싶어 찾아온 외부 사람들은 안정사에 먼저 들러 부탁했다고 한다.

안정사는 통영의 명산인 벽발산碧鉢山 산자락에 있는 법화종의 본산이다. 안정사는 태종무열왕 1년(654)에 원효대사가 창건했다고 전해진다. 지금은 사세가 많이 위축되어 있지만 고려 충선왕 1년에 회월會月선사가 중건했을 때는 영남의 거찰이었다고 한다.

설호 스님의 얘기에 의하면 성철 스님이 천제굴을 지으려고 할 때 안정사 주지가 처음에는 완강히 반대했다고 한다. 조계종의 비구승이 들어오면 법화종 본산인 안정사마저 빼앗기고 만다는 것이 그 이유였다. 더구나 당시는 조계종 승려들이 이승만 정권의 승인 아래 왜색 불교를 혁파한다는 명분으로 취처가 허락된 타 종단의 절들을 빼앗고 있는 중이었던 것이다. 그 중심에는 성철의 은사인 동산과 도반인 청담이 있었다. 따라서 안정사 주지는 성철을 경계하지 않을 수 없었다.

그러나 정화운동에 대한 성철의 입장은 끈질기게 동참을 권유하는 청담과 달랐다. 천제굴로 내려온 청담이 서울의 총무원으로 가자고 성철을 설득하자 이와 같은 요지로 뿌리쳤다고 전해진다.

불교 정화는 밖에서 하는 것이 아니라 안에서 하는 것이며, 타율에 의해서 이루어지는 것이 아니고 자율에 의해서 이루어지는 것이며, 서울에서 성취되는 것이 아니고 산중에서 얻어지는 것이다.

'불교 정화는 밖에서 하는 것이 아니라 안에서 하는 것이며, 타율에 의해서 이루어지는 것이 아니고 자율에 의해서 이루어지는 것이며, 서울에서 성취되는 것이 아니고 산중에서 얻어지는 것이다.'

대처승의 절을 빼앗기보다는 먼저 비구승 자신이 청정해야 하고, 강요가 아닌 자각에 의해 이루어져야 하고, 서울이 아닌 산중의 조용한 절에서 수행자 본연의 입장에서 정진할 때만 진정한 정화가 이루어진다는 성철의 주장이었다.

나그네는 이 부분에서 크게 공감하지 않을 수 없다. 성철의 입장은 투쟁과 대립보다는 자신의 성찰과 참회를 강조하는 부처님 법과 조금도 다르지 않은 것이다. 정화는 나의 청정함으로부터 비롯되어야 한다는 것이었다.

그렇다. 캄캄한 밤하늘이 아름다운 것은 이름 없는 뭇 별들이 제자리를 지키며 반짝이고 있기 때문이리라. 그래도 청담이 막무가내로 정화운동의 동참을 역설하자 성철은 이런 받아들일 수 없는 제안을 하기도 했다.

'내가 정화운동에 참여하는 조건으로 절 재산을 모두 사회에 내주고 승려는 걸식하며 수행에만 힘쓰자. 그렇지 않고 절 뺏기 식의 정화가 되어 자칫 잘못하면 묵은 도둑 쫓아내고 새 도둑 만드는 결과를 가져올 것이다.'

성철의 입장을 전해들은 안정사 주지는 안도했다. 과연 부산과 마산 일대에 퍼진 소문대로 성철은 시비의 저편에 있는 도인임이 분명했다.

시물을 화살처럼 무서워하라

결제 철을 피해서 목수와 미장이를 불러 천제굴을 지은 사람은 법전과 도우, 그리고 수완 좋은 행자인 문일조, 비구니 인홍仁弘 등이었다. 이들이 간 뒤에는 동자승 두 명이 들어왔다. 그중 한 명이 오늘날 천제 스님인 진 행자였다. 나그네가 천제 스님에게 직접 들은 얘기다.

"합천 집이 한국전쟁 중에 폭격을 맞아 타버리고 난 후, 아버지와 나는 마산으로 내려갔습니다. 나는 공부를 잘한 편이어서 마산상업중학교에 들어갔지요. 당시 다들 어려웠지 않습니까. 학교 수업이 끝나면 나는 종고모의 국수공장 앞에서 좌판을 펴놓고 양말을 파는 등 이런저런 장사를 했습니다. 그런데 아버지가 병을 얻어 돌아가시고 나자 나도 심신이 피곤해 죽을 것만 같았습니다. 그러던 차에 종고모를 따라 아버지 사십구재를 지내러 천제굴을 따라가 성철 스님을 처음 뵌 것이지요. 그때 느낌은 마치 새아버지를 뵌 것 같았어요. 결국 그해 가을 어머니와 식구들하고 의논해서 절에 가서 살기로 했지요. 당시 스님은 이미 도인으로 소문이 나 신도들이 너도 나도 만나 뵈려고 할 때였어요."

그리고 또 이 행자가 들어왔다. 행자들이 보기에는 성철 스님은 이상했다. 신도들이 천제굴에 드나드는 것을 별로 좋아하지 않았다. 특히 보따리에 무엇을 이고 오는 신도들은 아예 만나주지 않을 때도 있었다.

한번은 신도가 놓고 간 나일론 양말 때문에 이런 일도 있었다. 행자들은 스님이 신을 생각도 안 하는 나일론 양말이 탐이 났다. 이 행자가 양말을 잡고 늘여보기도 하고 이로 물어뜯기도 했다. 나일론 양말은 지금까지 신어왔던 면양말과 비교할 수 없을 정도로 질겼다. 면양말은 며칠만 신어도 발가락이 나오고 뒤꿈치가 구멍이 나는데 나일론 양말은 부드러우면서도 따듯했다.

성철의 양말은 3년 이상 기운 것이었으므로 천 뭉치나 다름없었다. 그런데도 스님은 신지 않고 있다가 이 행자가 자꾸 탐을 내자 방에서 양말을 들고 나와 말했다.

"이 행자, 도끼 가져오그래이."

"스님, 장작 패시려고요."

"이눔아, 어서 가져오그래이."

성철 손에는 나일론 양말이 두어 켤레 쥐여져 있었다. 이 행자는 나일론 양말을 얻어 신으려나 보다 하고 기대했었는데 그게 아니었다. 장작을 패는 나무토막 위에 양말을 놓더니 도끼로 조각을 내 버렸다.

그런데 이 일은 아무것도 아니었다. 몇 달 뒤, 이 행자에게 이보다 더 아쉬운 일이 벌어졌던 것이다. 어떤 신도가 천제굴에서 기도했더니 자기 아들이 무슨 시험에 합격했다고 당시 최고급 시계를 보시한 일이 있었다. 신도가 시계를 내놓고 가버리고 나자 성철이

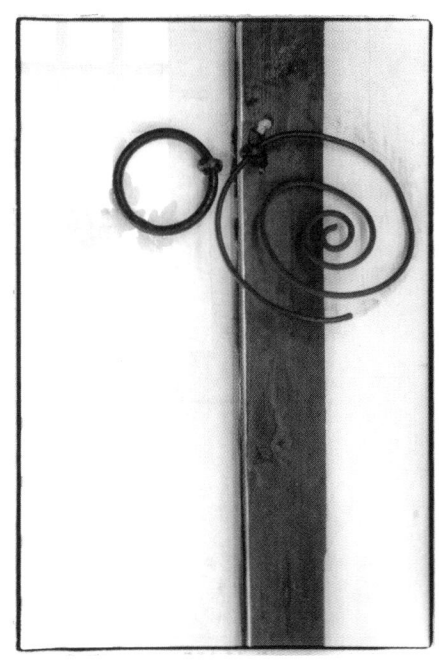

참 불공이란 가난한 이를 몰래 돕고, 나보다 못한 이들에게 고개를 숙이는 것이다. 원망하는 원수까지도 부처님처럼 섬기는 것이 참 불공인 것이다.

시계를 꺼내들고 말했다.

"이기 라도시계라는 거다. 사람들이 너도 나도 갖고 싶어하는 시계라는 것을 나도 안다."

이때도 성철은 두 행자 앞에서 시계를 나무토막 위에 놓고 산산조각이 나게 돌로 부숴버렸다.

"중에게 무슨 시계가 필요하노.《자경문》끝에 뭐라 캤노."

"잊어버렸습니다."

"이 행자야. 금생에 마음 밝히지 못하면 한 방울의 물도 소화시키지 못한다꼬 했다카이. 그러니 공부하는 놈이라면 한순간이라도 시계 볼 여유가 어데 있겠노."

시물은 두렵게 여기라는 성철의 단호한 행동이었다. 평소에도 성철은 두 행자에게 시물을 목숨을 빼앗는 '화살같이 하라施物如箭'고 말했던 것이다.

두 행자에 얽힌 얘기는 그 밖에도 많은데 나그네는 몇 년 전에 동화로 써서 남긴 적도 있다. 다시 꺼내 읽어보니 미소가 절로 지어진다. 천제굴을 배경으로 꾸며진 동화인데, 사실에 가까운 이야기다.

갑자기 소나기가 내렸다. 상수리나무 잎을 때리며 지나가는 소나기는 한국전쟁 중에 들어보았던 총소리를 내며 쏟아졌다. 두 행자는 어깨를 움찔하며 배추 씨가 든 그릇을 밭에 두고 추녀 끝에서 소나기를 피했다.

"진 행자, 밭에 둔 그릇을 가져올걸."

"아니야, 소나기가 곧 그칠 거야."

밭에 두고 온 배추 씨는 비에 젖고 있었다. 소나기는 한동안 비를 뿌리다가 겨우 산등성이를 넘어갔다. 비구름이 사라진 하늘은 다시 파란 호수처럼 뻥 구멍이 뚫렸다. 그러나 초가집 처마 끝에서는 아직도 낙숫물이 뚝뚝 떨어졌다.

빗줄기가 완연하게 잦아든 후였다. 두 행자는 밭으로 나갔다. 그러나 씨를 뿌리려고 해도 깨알처럼 작은 씨들이 덩이가 져 뿌릴 수 없었다. 할 수 없이 이 행자가 꾀를 내었다.

"진 행자, 엉킨 씨들을 불에 말려 뿌리자."

"그래, 내가 풍로를 내올게."

온돌에 말리기에는 씨가 너무 젖어서 이 행자는 진 행자와 함께 불에 말리자고 제의했다. 잠시 후 이 행자는 풍로에 숯을 넣고, 진 행자는 숯에 불이 잘 붙도록 부채질을 했다. 그제야 성철 스님은 좌선을 풀고 나와 두 행자의 행동을 흐뭇하게 지켜보고 있었다.

'역시 내가 똑똑한 행자를 두었군. 젖었으면 불에 말려야지.'

이처럼 풍로불에 배추 씨를 볶은 것은 세 사람의 합작품이 된 셈이었다. 좌선에 깊이 몰두해 있던 성철 스님은 씨를 볶으면 씨앗이 죽어버린다는 농사일을 까마득히 잊고 있었던 것이다. 스님의 머릿속에는 화두 하나가 달처럼 훤히 떠올라 있었으므로 볶은 배추 씨는 건성으로 보였을 뿐이었다.

며칠 후였다. 밭에 뿌린 씨가 싹트지 않은 것은 당연한 일이었다. 그런데 성철 스님은 배추 씨를 갖다준 마산 신도를 원망했다. 소나기가 내리기 전에 뿌린 씨앗들은 파랗게 싹을 틔우고 있는데, 그 후에 뿌린 씨는 감감무소식이니 그럴 수밖에 없었다.

마산 신도가 천제굴에 나타나자, 성철 스님은 버럭 야단을 쳤다.

"당신은 어떤 씨를 가져왔기에 저렇게 배춧잎이 나고 안 나고 하는 거요?"

"큰스님, 이상합니다. 분명히 한 가게에서 사온 배추 씹니다."

"저 밭을 보시오. 한쪽은 싹이 터 파랗고, 또 한쪽은 흙덩이만 있지 않소."

"하하하. 큰스님. 배추 씨 중에는 소나기를 좋아하는 씨도 있고 싫어하는 씨도 있나 봅니다."

"뭐라고?"

"저도 잘 모르겠습니다."

그러나 두 행자를 불러내 그동안의 얘기를 들은 마산 신도가 기가 막힌 듯 입을 다물지 못했다.

"아니, 행자님들이 풍로불에 젖은 배추 씨를 볶았단 말입니까?"

"예."

"세상에나! 씨를 볶았으니 당연히 싹이 트지 않지요."

"왜요?"

"아이고, 그 스님에 그 제자들입니다."

방으로 들어온 신도가 성철 스님에게 항의했다.

"큰스님도 풍로불에 배추 씨를 볶는 것을 보았다면서요."

"그렇지."

"참선 중이었군요."

"좌선을 하고 있을 때나 풀고 있을 때나 화두는 늘 들려 있지."

마산 신도는 성철 스님의 실수를 도리어 놀라워했다.

"큰스님께서는 화두를 들고 계시지만 저는 무엇을 들고 있어야 합니까?"

"내게 물어볼 게 뭐 있소. 상인은 장사 생각만 하고, 군인은 나라 지킬 생각만 하고, 공부하는 사람은 공부 생각만 하면 다 성공할 수 있는 것이지. 당신이 지금 무엇을 하고 있는지 그게 바로 당신의 화두가 아니겠소?"

그해 내내 성철 스님은 두 행자를 불러놓고 말했다.

"행자야, 우리들은 밭에 볶은 배추 씨를 뿌린 바보들이다."

모든 사람을 부처님처럼 섬기라. 그것이 참 불공이다

천제굴을 찾은 원명화는 30대 젊은 보살이었는데, 그녀의 남편은 마산에서 큰 배 두 척을 가지고 어업을 하는 사장이었다. 그런데 남편은 바람기가 많고 시도 때도 없이 사냥이나 다니며 집을 비우는 사람이었으므로 원명화의 애간장을 태웠다.

원명화가 보석을 사 모으고 값비싼 옷으로 치장을 하는 것은 남편에 대한 반발 때문이었다. 남편이 바람을 피울 때마다 옷을 사거나 보석을 새로 사 몸에 걸치며 울분을 삭였던 것이다.

그런 어느 날이었다. 올케 언니인 길상화가 고성 문수암을 갔다가 청담에게 성철의 얘기를 듣고는 원명화를 데리고 천제굴로 찾아간 것이었다. 독실한 불교신도인 길상화의 채근에 못 이겨 마산 집을 나선 원명화는 통영 벽발산 산자락에 있는 조그만 초가집 천제굴을 들어설 때만 해도 양미간을 찌푸리고 있었다. 청담이 성철을 보기 드문 도인이라고 추켜세운 것은 으레 하는 덕담이라고 생각했기 때문이었다. 그녀는 별 흥미를 느끼지 못하고 천제굴을 이리저리 기웃거렸다. 행자들은 원명화의 화려한 옷차림새를 보고는 입을 다물지 못했다.

검은 비로드 치마저고리에 손가락에는 커다란 반지를 끼었고, 비취 목걸이에다 머리에는 큰 옥비녀를 꽂고 있었다. 그런데 성철은 그녀를 보자마자 화부터 벌컥 냈다.

"절에는 기도하러 오는 것이다. 비싼 옷을 입고 다니며 누구를 꼬드길라꼬 그러느냐."

"큰스님을 뵈러 왔습니다."

"여기는 부처님밖에 없다."

성철은 들고 있던 낫으로 갑자기 원명화의 비로드 치마를 찢어 버렸다. 예리한 낫에 원명화의 검은 치마는 순식간에 잘려져 버렸다. 길상화는 쩔쩔맸고 원명화는 기가 질려 움찔하지도 못했다. 그러자 성철이 속사포처럼 빠르게 산청 사투리를 쏟아냈다.

"내 시킨 대로 안 하면 니 집 망하고, 니는 거지 되어 길거리 나앉을 끼다. 니 집 망하는 것은 시간문제다."

성철의 단언에 원명화가 부들부들 떨면서 말했다.

"큰스님, 어찌 해야 합니까?"

"그렇다면 지금 법당으로 가서 삼천배 하고 오라."

원명화는 찢긴 치마를 입은 채 법당으로 올라갔다. 원명화가 법당으로 간 사이 성철은 길상화에게 말했다.

"저 보살 눈에 독기가 가득하다. 지 남편이 고기를 많이 잡아 그런다. 죄를 많이 지은 것이야. 안과 병원 가도 저 눈은 못 고친다."

"큰스님, 말씀해주십시오."

"그래, 삼천배는 지금 하고 있고, 또 하나 할 일은 추석 전에 집 없는 사람들에게 쌀을 나누어주라고 그래라."

모든 사람을 부처님처럼 섬기고 사는 이가 있다면 그도 역시 부처님이다. 도인을 기다리는
은봉암 성석聖石

훗날 불전佛前 삼천배는 성철 하면 떠오르는 기호가 돼버렸는데, 사실은 천제굴 시절 원명화에게 시킨 것이 효시가 된다. 봉암사에서 신도들에게 삼배를 시킨 것은 스님들의 위의를 세우기 위한 것이었고, 불전 삼천배는 나라고 고집하는 아상我相을 뽑아주기 위해서 방편으로 시킨 것이었다. 한나절이 지나 원명화가 삼천배를 마치고 비틀비틀 걸어나오자 성철이 말했다.

"보살 눈의 독기를 풀어야 한데이. 그걸 풀어야 운명이 바뀌어진다."

"시키는 대로 하겠습니다."

원명화는 이미 기가 꺾이고 주눅이 들어 성철이 시키는 대로 다 하겠다고 항복을 했다.

"집에 돌아가거든 식모들을 다 불러모아놓고 오늘은 니 손으로 밥을 해서 차려주어라. 알겠느냐."

"예."

"술을 마시고 싶은 식모가 있거든 오늘은 니가 따라주어라."

"예."

"오늘부터는 니 신랑에게 직접 밥을 해주어라. 술도 따라주어라. 그리고 아침마다 신랑 앞에서 부처님에게 하듯 절을 세 번 해라."

"큰스님."

"와 그러노. 그러면 니 가슴에 있는 독기가 사라진다카이."

"큰스님, 차라리 칼로 제 목을 쳐 이 자리에서 죽겠습니다. 큰스님께서 이 자리에서 죽으라면 죽겠습니다만 바람피우는 남편에게 어찌 그리할 수 있겠습니까."

"그래, 그럴 수밖에 없겠지. 그럼 내 말이 옳다고 생각할 때까지 기도해라. 니 아상의 뿌리가 쏙 뽑혀질 끼다."

천제굴을 떠난 원명화는 성철과의 약속을 지켰다. 추석 전날이 되자 가난한 사람들에게 쌀을 나누어주었으며, 식모들에게 손수 밥을 해주어 자존심을 헌신짝 버리듯 했다. 또한, 남편에게는 아침마다 부처님에게 하듯 삼배를 했다.

여기서 나그네는 성철의 독특한 중생제도를 보고 감탄하지 않을 수 없다. 부처님 앞에서 삼천배를 시키어 나라고 고집하는 아상을 뽑은 다음, 모든 이를 부처님 모시듯 행동하도록 제도하고 있는 것이다. 훗날 성철은 말한다.

'모든 사람을 부처님처럼 섬기라. 그것이 참 불공이다.'

참 불공이란 목탁을 두드리며 불단에 음식을 차려놓는 것이 아니라 가난한 이를 몰래 돕고, 나보다 못한 이들에게 고개를 숙이는 것이란 말이다. 원망하는 원수까지도 부처님처럼 섬기는 것이 참 불공인 것이다.

나그네는 이쯤에서 천제굴이란 화두를 푼다. 성철은 암자 이름을 천제굴이라 지으면서 이렇게 맹세했을지도 모른다.

'나는 성불할 성품이 없는 천제가 되고 싶다. 모든 중생보다 못난 바보이고 싶다. 그러니 나는 모든 중생을 부처님처럼 우러르며 살아야 한다.'

모든 사람을 부처님처럼 섬기고 사는 이가 있다면 그도 역시 부처님이라는 생각이 든다. 모든 중생이 부처가 되도록 헌신하다 보니 성불할 틈도 없는 그런 존재를 대비천제大悲闡提라고 부르는데, 오늘은 그 뜻이 더욱 절절하게 다가온다.

　　　　　　　　　　　　자신을 가둠에 있어 천제굴 시절보다 성전암의 시절이 더 엄

혹했다. 성철 스님은 이 암자에서 산비둘기와 함께 사신 것으로

유명하다. 나무꾼들이 눈도 못 뜬 어린 새끼를 둥지에서 가지고 와 장난치는 것을 보고는

성철 스님이 달라고 하여 날마다 입에 넣어 씹은 콩으로 키운 산비둘기였다. 산비둘기는 성

철 스님이 구구야! 하고 부르면 방으로 날아 들어오곤 했다고 한다.

철조망을 둘러치고
왜 성전암에서 산비둘기와 함께 살았을까

인생이란 가둠과 풂, 떠남과 돌아옴의 반복

산자락에 물안개와 비구름이 끼어 있다. 비도 아니고 구름도 아닌 것이 성전암 오르는 산길을 축축하게 적시고 있다. 나그네는 이것도 아니고 저것도 아닌 애매한 중간을 싫어한다. 색깔도 검정도 아니고 흰색도 아닌 칙칙한 회색을 싫어한다. 초등학교 시절 도화지를 색칠하던 12색의 크레용 중에서 언제나 새것으로 남아 있는 것은 회색이었다.

그렇다고 수행자들이 입는 장삼의 잿빛을 싫어하는 것은 아니다. 잿빛 장삼 색은 회색이 아니라 괴색壞色이라고 한다. 괴색이란 말 그대로 모든 색이 파괴된 색이다. 그러니 장삼의 색에는 한 점의 사치도 수행자의 몸에 붙이지 말라는 부처님의 가르침이 담겨 있다. 누더기 장삼이야말로 무소유의 상징이다. 그러나 일부러 헝겊을 기워 만든 누더기 장삼은 꼴불견이다. 멋으로 누더기 장삼을 입고 다니는 수행자는 괴색의 의미를 모른다고 봐야 한다.

동구불출이란 집 밖을 단 한 발도 내딛지 않는 수행이다. 몸은 물론이고 마음까지 불출해야 진정한 동구불출이다. 성철 스님이 철조망을 둘러쳤던 성전암

성철 스님이 누더기 장삼을 버리지 않고 수십 년을 입은 이유도 바로 무소유 정신에 있다. 법정 스님께서 성철 스님의 상당법어집 《본지풍광》을 원택 스님과 함께 편집해주고 백련암으로 찾아갔을 때, 성철 스님은 밑도 끝도 없이 이렇게 말했다.

"법정 스님도 많이 변했네."

빨래하기 편하고 질긴 나일론 장삼을 입고 있기 때문이었다. 그러면서 스님은 벽장에서 당신의 무명 잠삼을 꺼내와 내밀었다. 심법心法을 전할 때 의발(옷과 바리때) 전수는 선승에게 각별한 의미를 갖는다. 성철과 법정의 경우, 거기까지는 아니라 하더라도 성철 스님이 당신의 옷을 전해주었던 것은 마음의 깊은 정을 표시했던 것이라고 볼 수 있다.

지금 나그네는 성철 스님이 살아생전에 암자 둘레에 철조망을 두르고 세상 사람들의 접근을 허락하지 않았던 성전암으로 가고 있다. 스님은 40대에도 장좌불와의 수행을 계속 이어가면서 성전암에서는 10년 동안 동구불출洞口不出했다. 동구불출이란 집 밖을 단 한 발도 내딛지 않는 수행이다. 몸은 물론이고 마음까지 불출不出해야 진정한 동구불출이다. 나그네도 무엇을 한다고 각오를 내어 방 안에 틀어박혀 산 적이 많다. 그러나 대부분은 몸만 방 안에 있었고, 마음은 밖으로 나가 돌아다녔다. 그것은 동구불출이라 하기 어렵다. 심신을 철저하게 가두어놓고 사는 산승山僧의 수행을 동구불출이라 한다.

 인생이란 가둠과 품, 버림과 모음, 떠남과 돌아옴 등등의 반복이다. 그래서 성장하고 성숙하는 것이다. 자신을 가둘 줄도 알고 풀 줄도 알아야 한다. 버릴 줄도 알아야 하고 모을 줄도 알아야 한다. 떠날 줄도 알아야 하고 되돌아올 줄도 알아야 한다. 어느 하나의 것에 집착하여 변할 줄 모르면 향상向上이란 없다. 그러한 삶은 순리가 아니다. 역사도 개인사와 마찬가지다. 그래서 우리는 무슨무

장삼의 색에는 한 점의 사치도 수행자의 몸에 붙이지 말라는 부처님의 가르침이 담겨 있다. 누더기 장삼이야말로 무소유의 상징이다.

슨 기期라 부르고, 무슨무슨 시대時代라 부르고, 크게는 세기世紀라고 부르는 것이다.

성철 스님은 40이 되어 왜 10년 동안 자신을 세상으로부터 철저하게 가두었을까. 자신을 가둠에 있어 천제굴 시절보다 성전암의 시절이 더 엄혹했다. 절속絶俗을 강조했던 스님이었다. 천제굴 시절에는 스님의 마음을 돌리려고 찾아온 아버지의 출입을 허락했지만 성전암 시절에는 속가 아내가 찾아오자 시자더러 미친년이니 산 아래로 끌어내라고 돌아서버렸다. 얼마나 분했으면 아버지가 '석가가 나의 원수다'라고 했을까. 출가하고서도 절속하지 못하고 속가를 드나드는 수행자가 있다면 딱한 일이 아닐 수 없다.

이미 깨달음을 이룬 사람이 무엇을 더 공부할 것이 있다고 절속을 비정하게 지켰을까. 천제굴에서 깨달음을 보임한 내용과 성전암의 그것은 또 다르다.

절에 가면 법당 벽에 그려진 십우도를 볼 수 있다. 소를 타고 가는 동자의 그림이다. 소는 진리, 동자는 수행자를 상징한다. 마지막 단계는 깨달음을 이룬 뒤 깨달았다는 자취마저 지우고 중생 속으로 들어가 자비를 펴는 입전수수立廛垂手 단계이다. 요즘 말로 하자면 강경 보수 근본주의자였던 스님은 입전수수의 방편을 궁구하느라고 철조망을 둘러쳤던 것은 아닐까. 이 시기에 스님은 영어와 일어, 독어를 익히어 영미권에서 일어난 윤회의 일화나 소크라

테스의 어록과 아인슈타인의 상대성이론, 뉴턴의 전기 등을 원문과 함께 메모 번역하고, 일어판《신수대장경》을 열람하여 자신이 오도한 경험과 역대 조사들이 보여준 돈오의 기록을 수십 권의 옛 노트에 깨알 같은 글씨로 집대성했던 것이다.

성전암에서 동구불출의 수행을 한 분은 성철 스님 말고도 근래의 철웅哲雄 스님이 있다. 경봉 스님 회상에서 수행하여 자비롭고 무애한 가풍을 보인 철웅 스님은 서옹 스님에게 인가받기도 한 선승인데, 스님도 역시 성전암에서 19년 동안 동구불출했던 것이다.

여기서 잠시.

성철 스님과 경봉 스님의 가풍은 크게 다른데, 아마도 이런 점에서 차이가 나는 것은 아닐까. 성철 스님은 불전 삼천배佛前三千拜라는 방편으로 사람을 거르고 가려서 만나주었지만 경봉 스님은 누구라도 맞아들여 맑고 향기로운 차 한잔을 내밀었으니 두 선승의 가풍이 사뭇 다른 것이다.

철웅 스님은 지금 와병 중이어서 암자에 있지 않다고 한다. 수년 전 철웅 스님을 처음 뵈었을 때가 기억난다. 암자의 돌계단을 막 올라서자 한 스님이 뒷짐을 진 채 포행하고 있었다. 나그네는 스님에게 다가가 물었다.

"철웅 스님 계십니까?"

그러자 스님은 나그네에게 되물었다.

"철웅 스님이 누구십니까?"

"성전암에 계신다고 해서 찾아왔습니다."

"그래요? 그렇다면 한번 찾아보시오."

스님은 곧 방으로 들어가버렸다. 그때 나그네는 아차 하고 좋은 기회를 놓친 것을 아쉬워했다. 방으로 들어가니 이미 10여 명의 손님이 철웅 스님의 법문을 듣기 위해 좌정하고 있었다. 부산과 대구 사람들이었다. 나그네는 삼배를 올린 뒤, 이름과 직업을 밝히고 나서 용건을 말했다.

그러자 스님은 빙긋이 웃으며 나그네의 글을 신문에서 읽은 적이 있다고 반갑게 맞아주었다. 훗날 나그네는 철웅 스님과의 첫 만남을 떠올릴 때마다 아쉬움이 크곤 했다. 스님은 나그네에게 법의 그릇을 헤아려보고자 집적거려본 것인데, 나그네는 스님의 말이 떨어진 자리, 즉 낙처落處를 몰랐기 때문이다. 쉽게 얘기하자면 저잣거리 말로 말귀를 알아듣지 못했던 것이다.

선기가 있는 사람은 다르다. 차茶로써 화두를 남긴 조주가 스승인 남전을 처음 만났을 때도 다음과 같이 불꽃이 튀었다.

조주가 행각을 하다가 평상심의 도를 외치는 남전 회하에 이르렀다. 대중들은 검은 물소처럼 논밭으로 나가 울력을 하고 있었다. 그때 남전은 방장실에 누워 있었는데, 조주가 조심스럽게 다가와 인사를 올렸다. 그러자 남전이 누운 채 물었다.

"어디서 왔느냐?"

"서상원瑞像院에서 왔습니다."

서상원이란 어린 사미승으로 조주가 살았던 절 이름이었다.

"상서로운 모습瑞像은 보았느냐?"

법으로 자신을 시험하는 남전에게 조주는 이렇게 말한다.

"상서로운 모습은 보지 못했습니다만 누워 계신 여래를 보고 있습니다."

누워 있는 자신을 와불臥佛이라고 하니 남전은 기분이 좋았다. 머릿속으로는 '이 어린 중이 보통이 아닌데' 하는 생각이 들어 벌떡 일어나 물었다.

"너는 주인 있는 사미냐, 주인 없는 사미냐?"

"주인 있는 사미입니다."

"누가 너의 주인이냐?"

"정월이라 아직도 날씨가 차갑습니다. 바라옵건대, 스님께서는 기거하심에 존체 만복하소서."

남전은 더 이상 시험하지 않았다. 선방을 통솔하는 직책을 맡고 있는 유나스님을 불러 말했다.

"이 사미에게는 특별한 곳에 자리를 주도록 하라."

이렇게 스승의 시험을 통과한 조주는 80세까지 만행을 한다. 한 곳에 안주하지 않고 여러 절을 다니면서 항상 스승 남전선사의 당

인생이란 가둠과 풂, 버림과 모음, 떠남과 돌아옴 등등의 반복이다. 그래서 성장하고 성숙하는 것이다. 자신을 가둘 줄도 알고 풀 줄도 알아야 한다. 버릴 줄도 알아야 하고 모을 줄도 알아야 한다. 떠날 줄도 알아야 하고 되돌아올 줄도 알아야 한다.

부를 잊지 않고 다녔다.

"도는 알고 모르고에 속하지 않는다. 안다는 것은 헛된 지각이며 모른다는 것은 아무런 지각도 없는 것이다. 만약 의심할 것 없는 도를 진정으로 통달한다면 허공같이 툭 트여서 넓은 것이니, 어찌 애써 시비를 따지겠느냐?"

나그네는 조주선사를 생각할 때 흔히 알려진 '차나 한잔 마시라' 라는 화두보다는 누구에게라도 배우겠다는 하심下心과 눈물겹도록 검박한 스님의 삶에서 감동을 받는다. 《조주록》에 보이는 스님의 행장 끝머리는 더욱더 가슴을 적신다.

'스님께서는 나이 80이 되어서야 조주성趙州城 동쪽 관음원에 머무셨는데, 돌다리에서 10리 정도 되는 곳이었다. 그때부터 주지 살이를 하셨는데, 옛사람의 뜻을 본받아 승당 앞뒤에 좌선하는 의자나 세면장 같은 것을 설치하지 않았다. 궁한 살림은 겨우 공양을 마련해 먹을 정도였다. 선상禪床은 다리 하나가 부러져서 타다 남은 부지깽이를 노끈으로 묶어두었는데, 누가 새로 만들어 드리려 하면 그때마다 허락지 않으셨다. 40년 동안 주지하는 동안에 시주한 이에게 (종이를 아껴) 편지 한 통 보낸 일이 없었다.'

암자는 작으나 법계를 머금고 있으니

성전암을 둘러친 철조망의 시주자는 천제굴 시절에 신도가 된 원명화 보살이고, 실제로 부산까지 가서 철조망을 사 트럭에 실어 온 사람은 시자 천제 스님이었다. 당시 사람들은 철조망에 갇혀 사는 성철 스님에게 답답하지 않느냐고 묻곤 했다. 그러나 성철 스님은 중국의 석두石頭 희천希遷선사의 〈초암가草庵歌〉에 답이 있으니 눈에 보이는 형상(철조망)에 매달리지 말라고 나무랐다.

내가 지은 암자엔 보배가 없어	吾結草庵無寶貝
먹고 나면 잠자는 것 가장 즐겁다	飯了從容圖睡快
새로 지었을 땐 띠가 새롭더니	成時初見茆草新
허물어진 뒤에도 띠를 갖다 덮는다	破後還將茆草蓋
암자에 사는 사람 항상 있으니	住庵人鎭常在
중간에도 안팎에도 매이지 않네	不屬中間與內外
세상 사람 머무는 곳 나 안 살고	世人住處我不住
세상 사람 사랑하는 것 사랑치 않네	世人愛處我不愛
암자는 작으나 법계를 머금고 있으니	庵雖小含法界
방장 노인이나 알 수 있으리	方丈老人相體解
상승上乘의 보살은 의심 없이 믿지만	上乘菩薩信無疑
중등과 하등은 반드시 의심한다	中下聞之必生怪
암자가 무너질까 무너지지 않을까 묻지만	問此庵壞不壞

무너지건 말건 원래 주인은 항상 있네	壞與不壞主元在
남북에도 동서에도 있는 것 아니니	不居南北與東西
터가 단단함이 가장 알맞네	基址堅牢以爲最
푸른 솔 밑이요 밝은 창 안이니	靑松下明窓內
옥 대궐 단청 누각으론 견줄 수 없어라	玉殿朱樓未爲對
누더기 머리끝까지 덮으면 만사가 그만	衲被蒙頭萬事休
이때에 산승은 아무것도 모르네	此時山僧都不會
이 암자에 살려면 알음알이를 내지 말라	住此庵休作解
뉘라서 좌판을 벌여 사람을 사려는가	誰誇鋪席圖人買
광채를 돌이키면 곧 돌아오나	廻光返照便歸來
영특한 근기를 등지거나 향함이 없다	廓達靈根非向背
조사를 만나면 친히 가르쳐주나니	遇祖師親訓誨
띠를 매어 암자 짓기를 게을리하지 말라	結草爲庵莫生退
백 년 동안 버려두어도 걸림이 없고	百年抛却任縱橫
손을 털고 떠나간들 죄가 안 되네	擺手便行且無罪
천 가지 만 가지 해석은	千種萬言般解
오직 그대 영원히 어둡지 말라는 것이니	只要敎君長不昧
암자의 죽지 않는 사람을 알고자 한다면	欲識庵中不死人
어찌 지금 이 가죽 주머니를 떠나 있으랴.	豈離而今這皮袋

성철 스님이 철조망을 왜 쳤느냐고 물을 때마다 바로 이 구절에 답이 있다고 했을 터이다. 다시 음미해본다. 과연 그러리란 생각이 든다.

암자는 작으나 법계를 머금고 있으니
방장의 노인이나 알 수 있으리.

그렇다. 암자가 이미 법계를 머금고 있으니 철조망을 치고 안 치고는 별로 중요하지 않은 것이고, '방장의 노인'이란 깨달은 이를 말할 터이다. 그러나 깨닫지 못한 이들은 눈에 보이는 철조망에 매여 답답할 뿐이다. 사실은 저잣거리의 우리들이 눈에 보이지 않는 욕심과 집착의 철조망에 살고 있는데도 말이다.

방장의 노인은 온 우주를 머금고 있는 토굴이니 무너지건 말건 누더기를 머리끝까지 덮어쓰고 있으면 만사가 그만이다. 성철 스님이 성전암 시절 즐겨 부른 게송이 또 하나 있다. 그것을 성전암을 찾아온 백졸 스님에게 적어주기까지 했다. 중국의 양기楊岐 방회方會선사의 게송이었다.

양기산의 임시 거처
지붕과 벽 엉성하니

방마다 가득

뿌려진 눈의 구슬

그러나 목 움츠리어

가만히 탄식하며

생각노니, 나무 밑에

거처하신 옛 어른의 일.

楊岐乍住室壁疏

滿床盡撒雪珍珠

縮却頂暗嗟嘘

飜憶故人樹下居

  지붕이 뚫리어 한겨울에 방바닥으로 하얗게 눈가루가 떨어진 것을 보고도 나무 밑에 거처하신 부처님을 생각하여 목이 움츠러든다는 청백가풍의 선시인데, 모름지기 선승이라 하면 이 정도는 돼야 하지 않을까. 성철 스님이 이 선시를 즐겨 읊조렸던 이유가 어렵지 않게 짐작된다.

  나그네는 10여 년 동안 전국의 암자를 2백 군데도 넘게 다녔다. 그러나 선승이 공부하는 암자는 점점 사라지는 추세이다. 유명 기도처祈禱處라는 곳은 시주한 돈이 넘쳐나는지 산세와 어울리지 않을 정도로 비대해져 보기에 민망하기만 했다. 그런 부잣집 암자는 저절로 발길이 돌려지고 다시는 가고 싶지 않았는데, 다른 이들도 같은 심정일 것이라고 믿는다.

　수도하는 자는 모름지기 가난을 배우라學道 須學貧는 고인의 말을 다시 되새겨봐야 한다. 전국의 어느 산중을 가나 불사가 한창인데, 조선조 5백여 년 동안 숭유배불이란 칼날에 숨죽이고 살았던 역사를 생각하면 다행이란 생각도 들지만, 인도에서 중국으로 건너온 달마 스님이 공부는 하지 않고 절 짓고 재만을 지내는 양나라의 승려들을 향해 백성의 물건을 겁탈하고 중생을 괴롭게 한 죄로 반드시 흑문(黑門: 지옥)에 들 것이라고 나무랐던 일이 이해가 된다. 지혜를 구하는 상구보리上求菩提의 정신이 바탕이 되지 않고는 모래 위에 집을 짓는 격이리라.

　성철 스님은 어느 절을 가든지 화려한 오방색의 단청을 못하게 했다. 법당 벽을 장엄하게 하는 벽화도 그리지 못하게 했다. 한 스님이 단청을 하면 집이 오래간다고 설득하려 하자, 그때 스님은 이렇게 잘라 말했다.

　"정신은 썩고 집만 살면 뭐 할 것이오. 집은 썩더라도 정신은 살아 있어야지요."

나 잘나지 못함을 철저하게 깨닫게 하소서

　암자에 올라 한 스님에게 철웅 스님의 안부를 물으니 모른다고 한다. 그사이에 암자의 주인이 바뀐 것인지 알 길이 없다. 스님이 주석할 때는 신도들이 계속해서 올라와 암자 마당이 좁은 듯했는데, 지금의 분위기는 어쩐지 냉랭하다.

비가 올 듯하더니 다행히 날이 개어 하늘이 언뜻 보인다. 햇볕이 한 줌 들자 암자 마당 한편에 앉아 있을 만하다. 성철 스님은 이 암자에서 산비둘기와 함께 사신 것으로 유명하다. 법정 스님께서 나그네에게 들려주신 이야기다. 나무꾼들이 눈도 못 뜬 어린 새끼를 둥지에서 가지고 와 장난치는 것을 보고는 성철 스님이 달라고 하여 날마다 입에 넣어 씹은 콩으로 키운 산비둘기였다. 하루는 법정 스님이 《불교성전》을 편찬하면서 자문 구할 일이 있어 성전암을 찾아갔다고 한다. 산비둘기는 성철 스님이 구구야! 하고 부르면 방으로 날아 들어오곤 했는데, 법정 스님의 어깨에도 산비둘기가 앉더라는 것. 그래서 그때 법정 스님은 엄하기만 한 성철 스님에게서 비로소 친화력을 느끼기 시작했다고 한다.

바로 저 방에서 스님은 산비둘기와 함께 살면서 훗날의 법문들을 준비했던바, 해인사에서 대중을 상대로 한 상당법어의 자료도 이때 섭렵한 지식과 자료들이었다. 동서양 학문을 종횡무진 넘나드는 《백일법문》도 마찬가지였다.

'아인슈타인의 등가원리가 없었으면 불생불멸이라는 부처님의 진리는 거짓말인가? 그것은 아닙니다. 부처님께서는 3천 년 전에 진리를 깨쳐서 이루 말할 수 없는 혜안慧眼으로 우주 자체를 환히 들여다본 그런 분입니다. 그래서 일체 만법 전체가 그대로 불생불멸이라고 선언했습니다.

그러나 보통 사람들은 그런 정신력을 갖지 못했기 때문에 3천 년 동안 이리 연구하고 저리 연구하고 연구와 실험을 거듭한 결과, 이 자연계를 구성하고 있는 근본요소인 에너지와 질량이 둘이 아니고, 질량이 에너지이고 에너지가 질량인 동시에 서로 전환하면서 증감이 없다고 밝혀낸 것입니다. 부처님이 말씀하신 불생불멸이라는 원리가 과학적으로 입증돼버린 것입니다.

그러니 원자물리학이 설사 없었다고 하더라도 그것은 사람들이 이해를 못해서 그런 것이지, 부처님이 본시 거짓말한 그런 어른이 아니다 이 말입니다. 요새 그냥 불교원리를 이야기하면 '너무 어려워서 알 수 없다'는 말을 많이 하기 때문에 내가 한 가지 예로서 불교의 근본원리인 불생불멸 원리를 상대성이론, 등가원리로 입증해 설명하고 있는 것입니다. 불교라는 것은 허황된 것도 아니고 거짓말도 아니고 과학적으로 이해할 수 있는 진리인 것입니다.'

나그네는 스님이 남긴 영문 메모를 본 적이 있다. 영문으로 된 원서를 읽다가 공감하는 바가 있어서 편지지에 메모한 서너 줄의 문장이었는데, 어떤 영문학자의 펜글씨보다 달필이라는 것을 확인할 수 있었다. 달필의 영문 밑에는 우리말로 예전의 맞춤법에 따라

깨닫지 못한 이들은 눈에 보이는 철조망에 매여 답답할 뿐이다. 사실은 저잣거리의 우리들이 눈에 보이지 않는 욕심과 집착의 철조망에 살고 있는데도 말이다.

번역을 해놓고 있었다. 만유인력을 발견한 뉴턴이 한 고백이었다.

'우주의 진리는 대해大海같이 넓고 깊다. 그러나 나는 바닷가에서 조개껍질이나 줍고 노는 어린아이에 불과하여, 진리의 바다에는 발 한 번 적셔보지 못했다.'

스님은 아마도 하심下心을 생각했던 모양이다. 깨달음을 이뤘다고 해서 자만해서는 안 된다는 생각으로 위와 같은 구절을 메모해 두지 않았을까 싶은 것이다.

박학다식의 철학자 소크라테스가 말했던가.

'나는 단지 한 가지만 안다. 그것은 아무것도 모른다는 것이다.'

훗날 성철 스님도 수행자들에게 말했다.

'임제종의 중흥조인 법연선사의 말씀을 잊지 말자. 누가 법문을 물으면 항상 말씀하셨다.

"나는 아무것도 모른다. 나는 아무것도 모른다."

천하의 어리석은 사람들이여! 무엇을 안다고 그렇게도 떠드는지 이해할 수 없는 일이다. 지상에서 가장 존경받는 위대한 인물은 오로지 모든 사람을 가장 존경하는 사람이다.

내가 나 잘나지 못함을 철저하게 깨달아 일체一切를 부처님과 같이 섬기면 일체가 나를 부처님과 같이 섬기지 않을 수 없을 것이다. 가장 낮고 낮은 곳이 자연히 바다가 된다. 어떤 사람이 말했다. 내 몸을 낮추고 또 낮추어 밑 없는 곳까지 내려가니, 나도 모르는

사이에 몸이 가장 높은 곳에 서 있더라고.'

나그네는 관음전으로 올라가 기도를 한다.

"나 잘나지 못함을 철저히 깨닫게 하여주십시오. 나무 관세음보살."

하늘에만 해가 떠 있는 것이 아니라 텅 비우지 못한 마음에도 해가 하나 뜬 느낌이다. 아집의 구름 한 장이 성전암에 와서야 겨우 걷히는 것 같다.

성철 스님은 성전암에서 사색하고 명상한 방편들을 김룡사에서 폭포처럼 거침없이 쏟아냈다. 동국대의 교수들이 주축이 된 동아리 구도회 회원들도 성철 스님의 법문을 듣기 위해 김룡사를 찾았다. 소장 학자들은 성철 스님의 동서를 넘나드는 해박한 강설에 매혹돼버렸다. 지금까지 어떤 고승도 성철 스님처럼 원자물리학을 들고 나와 강설한 적이 없었기 때문이었다.

중음신의 대중을 위해
최초로 설법한 김룡사

어찌 세상에 공짜가 있으랴

　　봄을 시샘하는 꽃샘추위가 목을 움츠러들게 하고 있다. 나그네는 이른 새벽, 아직 해가 뜨기 전에 김룡사로 가는 산길을 오른다. 개울가에 붙은 절 마을을 지나자마자 일주문이 보이는 지점의 숲 덤불 속에서 이끼 낀 비碑가 하나 튀어나온다. 비문은 네거티브 필름처럼 음각되어 있다. 오래전에 고인이 된 퇴경退耕 권상로權相老 박사의 비다. 퇴경은 성철에게 화두가 무엇인지 최초로 가르쳐 준 사람이다. 성철이 출가하기 전, 지리산 대원사에서 퇴경이 발행한 《불교》지를 보다가 '무' 자 화두의 기사를 보고는 실제로 참선공부에 들어 동정일여의 경지까지 들었던 것이다. 몇 번이나 김룡사를 들렀지만 무심코 지나쳤기에 미안한 마음이 들어 걸음을 멈추고 한동안 바라본다.

　　퇴경은 이곳 문경 산북면 사람으로 고종 16년(1879)에 태어나 1896년 18세 때 김룡사로 출가하여 대강사가 된 후 해방 후에는

무슨 일의 성과가 없다고 초조해할 것이 못 된다. 인과의 통장에 저축하고 있는 셈이니까. 먼지 한 알도 결코 사라지지 않는 곳이 이 세상이니까. 성철 스님이 머물렀던 김룡사 토굴, 동전東殿

동국대학교 초대 총장이 된 대종사大宗師로 우리나라 불교학의 머릿돌을 세운 분이다. 나그네도 동국대학교를 졸업했으니 그분과는 인연이 있는 셈이다.

퇴락을 거듭하던 김룡사는 퇴경이 강석講席을 연 이후 영남의 전통적인 강원사찰로 자리를 잡는다. 성철 스님이 김룡사에서 대중을 상대로 최초로 설법한 것도 절의 강원 역사와 무관치 않을 터이다.

언젠가 김룡사 주지를 지냈던 자광 스님이 들려준 이야기가 문득 떠오른다. 권상로 박사의 인연因緣 이야기다.

김룡사에 못생기고 미련한 찬璨 스님이 살았다. 일찍 절에 들어왔지만 조실스님은 찬 스님에게 글을 가르쳐주지 않았다. 그래서 찬 스님은 부목처럼 아궁이에 넣을 땔나무나 하면서 세월을 보냈다. 그런데 어느 날 열대엿 살의 아이가 머리 깎고 출가하여 조실스님에게서 글을 배우고 있었다. 찬 스님은 분한 마음이 나 견딜 수 없었다. 나이 오십이 넘도록 땔나무나 하러 지게 지고 산을 오르내렸는데, 아이는 출가하자마자 편안하게 온돌방에 앉아 불경을 배우고 있는 것이었다. 찬 스님은 조실스님에게 달려가서 불만을 터뜨렸다.

"큰스님, 저에게는 땔나무나 시키면서 왜 저 애송이 사미에게는 글을 가르쳐주십니까?"

조실스님은 소리 없이 웃으며 중얼거렸다.

"네가 이제야 내 앞으로 오는구나."

조실스님은 찬이 이제야 공부할 준비가 되었다고 여기면서 지시를 했다.

"그렇다면 오늘부터 저 응진전에서 염불부터 해라."

"왜 염불을 합니까?"

"경전이나 참선공부는 아직 네 근기와 맞지 않느니라."

이후 응진전에서 시작한 찬 스님의 염불이 99일째 되는 날 한밤중이었다. 갑자기 불빛 한 점이 컴컴한 허공에 나타나더니 절 앞의 산능선을 넘어 석봉리 마을로 날아갔다. 조실스님도 불빛을 보고 있었다. 조실스님은 그 불빛이 찬의 영혼이라고 생각했다.

불빛은 당시 석봉리에 살고 있던 어느 부인의 입으로 들어갔다. 부인 역시 꿈에서 자신의 입으로 불이 들어오는 것을 보고는 깜짝 놀라 남편인 권씨를 깨웠다.

"여보, 여보."

"왜 잠자는 사람을 깨우고 그래."

"불이 내 입으로 들어갔어요."

부인의 얘기를 듣고 난 권씨는 길몽이라 생각하고는 그날 밤 물을 데워 함께 몸을 깨끗이 씻었다. 천문天門이 열리는 자시子時가 지나고, 지문地門이 열리는 축시丑時가 지났다. 그들 부부는 천지

만물이 움직이기 시작하는 인시寅時에 합궁을 했다. 동짓달이었으므로 밖에는 눈발이 흩날리고 있었다.

다음날이었다. 두 부부는 찬 스님이 응진전에서 좌탈입망했다는 소식을 듣고 김룡사로 달려갔다. 조실스님이 두 부부에게 말했다.

"근전래近前來하라."

'근전래'란 가까이 오라는 말이었다. 조실스님이 의미심장하게 한마디를 했다.

"인연이 지중하니 응진전에 가서 기도하라."

기도를 마치고 집으로 돌아온 부인은 열 달 만에 아기를 낳았다. 권씨는 날이 밝자마자 기쁜 나머지 잰걸음으로 김룡사에 갔다. 그때 조실스님은 주장자 끝에 미역을 달고 일주문 밖으로 걸어오고 있었다.

"조실스님, 어디로 가십니까?"

조실스님은 말없이 주장자를 권씨에게 내밀었다. 그제야 권씨는 주장자 끝에 달린 목도리 같은 것이 미역인 줄 알았다.

"큰스님, 다 알고 계셨군요. 사실은 큰스님께 이름을 부탁드리려고 달려왔습니다."

"지어주지."

"이름을 이미 점지해두셨군요."

"꿈에 찬 스님을 보았으니 몽찬夢璨이라 해라."

권씨는 아들의 이름이 스님의 법명 같아서 불만이었지만 거절할 수는 없었다. 그래서 두 부부는 혹시나 아들을 절에 빼앗길까 염려되어 절에서 더 먼 점촌으로 이사를 갔다. 그러나 몽찬은 공부를 하러 한양으로 가려고 하던 중 어머니와 함께 소원 성취를 위해 김룡사로 기도하러 갔다가 출가해버리고 말았다.

전설 따라 삼천리 같은 이야기지만 찬 스님의 혼이 권씨 부인의 입으로 들어갔듯 불가에서는 혼이 윤회 전생한다고 믿는다. 혼백魂魄 중에서 눈에 보이는 백(魄: 몸)은 지수화풍으로 돌아가지만 혼魂은 윤회 전생하는 것이다.

불경공부에 소질이 없던 찬 스님이 염불과 기도를 해서 그 공덕으로 다음 생에는 대강백이 되었다는 인연 이야기인데, 세상에 공짜는 없다는 엄정하고 엄밀한 인과의 도리가 담긴 이야기가 아닐 수 없다. 찬 스님의 간절한 마음이 다음 생에서는 끝내 자신의 운명을 바꾸어놓았기 때문이다.

전생은 인因이고 금생은 과果이다. 무슨 일의 성과가 없다고 초조해할 것이 못 된다. 인과의 통장에 자신의 노력이 거짓없이 차곡차곡 저축되고 있는 셈이니까. 먼지 한 알도 결코 사라지지 않는 곳이 이 세상이니까. 먼지를 걸레로 훔쳤다고 사라진 것은 아니다. 이쪽에서 저쪽으로 옮겨진 것뿐 아닌가.

제 앞길 가리지 못하면 산 사람도 중음신이다

운달산雲達山은 소가 누워 있는 형상의 산이다. 김룡사는 소의 젖무덤 부분에 자리 잡고 있고, 성철 스님이 날마다 기도한 명부전은 소의 눈牛目에 해당되는 명당이라고 한다. 성철 스님은 명부전 옆에 조그만 토굴을 지어놓고 정진하면서 대중을 상대로 설법할 때만 절의 설선당說禪堂으로 나갔던 것이다.

현재 주지실로 사용하는 상선원上禪院은 손님을 맞이하는 다실로 사용했던 것으로 짐작된다. 얼마 전까지만 해도 상선원 벽에는 성철 스님이 좋아했던 다음과 같은 시가 적혀 있었다고 전해진다.

꺾어진 나뭇가지 찬 수풀 의지하니
많은 봄이 와도 그 마음 변치 않네
나무꾼도 돌아보지 않고 지나치니
노래꾼이 고행을 헤아리어 노래하네.
摧殘枯木依寒林
幾度逢春不變心
樵客過之猶不顧
郢人那得苦追尋

성철 스님은 훗날에도 이 시를 두고두고 인용하여 설법했는데, 수도하는 수좌들에게 다음과 같이 당부했던 것이다.

불사가 개운하게 끝난 설선당은 다소곳이 눈 밝은 종사의 사자후를 기다리고 있는 모습이다.
성철 스님이 대중을 상대로 최초로 법문한 김룡사

"최잔고목摧殘枯木! 부러지고 마른 나무 막대기를 말함이다. 이렇게 쓸데없는 나무 막대기는 나무꾼도 돌아보지 않는다. 땔나무도 되지 않기 때문이다. 불 땔 물건도 못 되는 나무 막대기는 천지간에 어디 한 곳 쓸 곳이 없는 물건이니, 이러한 물건이 되지 않으면 공부인工夫人이 되지 못한다."

이 말씀은 비단 참선공부하는 수좌들에게만 적용되는 것이 아니다. 저잣거리에 사는 우리도 마찬가지다. 거름이란 푹 썩어야 제 구실을 하지 덜 썩게 되면 오히려 땅이나 식물에 해를 주는 이치와 다를 바 없다.

나그네는 김룡사 법당보다 먼저 명부전으로 가본다. 그런데 명부전은 보수 중이고 그 옆에 있는 토굴, 동전東殿만이 온전한 모습이다. 바로 저 토굴 자리에서 성철 스님이 머물렀으리라. 토굴 주인은 아침 공양을 하러 간 것인지 기침을 해도 기척이 없다.

당시 성철 스님은 가끔 49재를 지내주기도 했던 듯하다. 49재란 망자의 혼이 중음신으로 외롭게 떠도는 49일 동안 일곱 번 재를 지내주어 극락 왕생케 천도하는 의식인데, 성철 스님은 망자의 천도보다는 산 사람에게 더 관심이 많았던 것 같다. 산 사람이라도 어디로 갈지 모르고 방황하는 중음신처럼 보았기 때문이다.

나그네가 불문佛門의 한 후배에게 들었던 이야기가 있다. 주인공은 모 대학의 교수인데, 그 교수의 중학생 시절 이야기다. 그 소년은 유망한 축구선수였다. 축구명문인 시골 중학교에서 주장을 지낼 정도로 운동에 재능이 있는 어린 꿈나무였다. 강릉의 한 축구 명문고에서는 학생을 눈여겨보고 있다가 스카우트를 제의하기도 했다.

그러나 학생이 졸업할 무렵 그의 꿈은 산산조각이 나고 말았다. 스카우트하겠다는 고등학교에서 갑자기 약속을 지키지 않은 것이었다. 소년은 눈앞이 캄캄했다. 축구를 계속 열심히 하여 국가대표 선수가 되려 했는데 이제는 그것도 어려워졌고, 학과 공부를 하여 진학을 하자니 시간이 너무 부족했다. 사실 운동한다고 중학교 시절 내내 학과 공부는 거의 등한시했던 것이다.

예상했던 대로 학생은 고등학교 입학시험에서 낙방했다. 생각지도 못했던 재수였으므로 소년은 실의에 빠진 나날을 보냈다. 그러던 어느 날이었다. 소년은 가족을 따라서 김룡사로 할머니의 49재를 지내러 갔다. 할머니의 49재를 김룡사에서 지내게 된 것은 그의 고모가 김룡사로 출가한 인연이 있기 때문이었다.

당시 김룡사에는 성철 스님이 주석하고 있었고 스님의 시봉은 천제 스님이 하고 있었다. 소년은 성철 스님 앞에 앉았다. 가족 중에 누군가가 소년의 처지를 얘기했다. 그러자 성철 스님이 위로는커녕 야단을 쳤다.

"못난 놈! 고등학교 시험에 떨어지다니 앞으로 무엇에 쓴단 말인가? 지 앞길도 제대로 가지 못한 놈이 어떻게 할머니의 저승길을 인도하겠다고 49재에 왔는가 말이다."

가족 중에 아무도 대꾸를 못하고 있자, 성철 스님이 특유의 카랑카랑한 목소리로 빠르게 말했다.

"저놈은 삼천배 갖고는 안 되니 삼천배를 일주일 동안 시켜라."

소년은 처음부터 큰소리를 치는 성철 스님의 기세에 눌려 절을 하기 시작했다. 도망칠까도 생각했지만 고모가 스님인 데다 할머니의 49재에 왔으니 그럴 수도 없었다. 그런데 매일 여섯 시간이 걸리는 삼천배를 일주일 동안 반복하는 것은 소년으로서는 무척 힘든 일이었다. 할 수 없이 소년은 도중에 포기를 하고 성철 스님이 주석하는 토굴로 갔다. 성철 스님에게 인사라도 하고 절을 내려가기 위해서였다. 한밤중이었다. 소년은 스님을 불렀다.

"스님, 스님."

좀 더 큰소리로 불렀지만 방 안에서는 아무 소리도 나지 않았다. 그렇다고 불이 꺼져 있는 것도 아니었다. 소년은 슬그머니 손에 침을 묻히어 문구멍을 뚫었다. 안을 들여다보고 난 후 소년은 가슴을 쓸어내렸다. 성철 스님은 소문대로 밤에도 잠을 자지 않고 장좌불와 정진을 하고 있었다. 좌정에 든 자세로 좌복에 앉아 돌부처처럼 앉아 있었던 것이다.

성철 스님의 요지부동한 모습에 자극을 받은 소년은 다시 삼천배를 시작했다. 마침내 일주일 동안 무사히 2만 1천배를 마쳤다. 삼천배를 일주일 동안 하고 나자 자신감이 솟구쳤다. 보름 동안 잠을 자지 않고 계속 공부해도 피곤하지 않을 정도로 집중력도 생겼다. 가족들이 겁이 나 방 안에서 소년을 내쫓을 정도가 됐다. 한 해가 지나고 난 뒤 소년은 당시 서울의 명문고인 경복고에 입학했다. 집안 친척 중에 경복고에 다니던 학생이 있었는데, 고향에 내려오면 늘 학교 자랑하는 것이 부러워 경복고를 지원했는데 덜컥 합격해버렸던 것이다.

미워하고 사랑하지만 않으면 통연히 명백하리라

성철 스님은 성전암에서 사색하고 명상한 방편들을 김룡사에서 폭포처럼 거침없이 쏟아냈다. 저잣거리의 대중을 상대로 설법할 때는 현대 과학을 끌어들였고, 수좌들을 상대할 때는 불가에서 최고의 시라는 〈신심명〉과 최고의 산문이라고 일컬어지는 〈증도가〉의 강설부터 시작했다.

동국대의 교수들이 주축이 된 동아리 구도회 회원들도 역시 성철 스님의 법문을 듣기 위해 김룡사를 찾았다. 박성배, 서경수 같은 소장 학자들은 성철 스님의 동서를 넘나드는 해박한 강설에 매혹돼버렸다. 지금까지 어떤 고승도 성철 스님처럼 원자물리학이나

《타임》지에 소개된 윤회의 실례를 들고 나와 강설한 적이 없었기 때문이었다. 이를테면 이런 식이었다.

"불교 원리를 얘기하면 너무 어렵다고 합니다. 그래서 나는 불교의 근본원리인 불생불멸의 원리를 아인슈타인의 상대성원리, 등가원리로 입증하여 설명해주고 있는 것입니다.

《반야심경》에 이런 구절이 있습니다.

色卽是空 空卽是色

색色은 유형을 말하고 공空이란 무형을 말합니다. 유형이 즉 무형이고 무형이 즉 유형이라고 하는데 어떻게 유형과 무형이 서로 통하겠습니까?

어떻게 허공이 바위가 되고 바위가 허공이 된다는 말인가 하고 반문할 것입니다. 그러나 알고 보면 바위가 허공이고 허공이 바위입니다.

어떤 물체, 예를 들어 바위가 하나 있습니다. 이것을 자꾸 나누어보면 분자들이 모여 생긴 것입니다. 분자는 또 원자들이 모여 생긴 것이고, 원자는 또 소립자들이 모여 생긴 것입니다. 바위가 커다랗게 나타나지만 그 내용을 보면 분자 원자 입자 소립자, 결국 소립자 뭉치입니다. 그럼 소립자는 어떤 것인가?

이것은 원자핵 속에 앉아서 시시각각으로 '색즉시공 공즉시색' 하고 있습니다. 자기가 스스로 충돌해서 문득 입자가 없어졌다가 문득 나타났다가 합니다. 인공으로도 충돌현상을 일으킬 수 있지만 입자의 세계에서 자연적으로 자꾸 자가충돌을 하고 있습니다. 입자가 나타날 때는 색이고, 입자가 소멸할 때는 공입니다. 이리하여 입자가 유형에서 무형으로, 무형에서 유형으로 되풀이하고 있습니다. 공연히 말로만 색즉시공 공즉시색이 아닙니다. 실제로 부처님 말씀 저 깊이 들어가면 조금도 거짓말 없는 것이 확실히 증명되는 것입니다."

박성배 교수는 결혼하여 아내가 있는데도 신심이 솟구쳐 성철 스님 앞으로 출가해버렸다. 성철 스님의 상좌들은 대부분 원圓자 돌림인데 그가 맨 처음으로 원조圓照라는 법명을 받았음이다.

나그네는 불사 중인 명부전을 천천히 나와 아침 햇살이 비치는 설선당으로 가본다. 꽃샘추위 속에서도 햇살은 따사롭다. 햇살이 봄을 부지런히 나르고 있는 것만 같다. 불사가 개운하게 끝난 설선당은 다소곳이 눈 밝은 종사宗師의 사자후를 기다리고 있는 모습이다.

성철 스님은 저 설선당에서 〈신심명〉을 강설했고, 젊은 비구, 비구니 가릴 것 없이 젊은 수좌들은 선열에 잠겼다. 오늘의 조계종 종정 법전 노스님도 당시 강설을 들은 수행자 중 한 사람이었다.

나그네는 성철 스님의 《신심명 강설》을 펼쳐들고 양지바른 봄의 햇볕 속에서 나직이 읊조린다. 비록 간접화법으로 듣는 말씀이지만 마음속까지 밝은 해가 비쳐드는 느낌이 든다.

지극한 도는 어렵지 않음이요
오직 간택함을 꺼릴 뿐이니.
至道無難 唯嫌揀擇

"지극한 도道란 곧 무상대도無上大道를 말합니다. 이 무상대도는 전혀 어려운 것이 없으므로 오직 간택하지 말라는 말입니다. 간택이란 취하고 버리는 것을 말함이니, 취하고 버리는 마음이 있으면 지극한 도는 양변兩邊, 즉 변견邊見에 떨어져 마침내 중도의 바른 견해를 모른다는 것입니다. 세간법世間法을 버리고 불법을 취해도 불교가 아니며, 마구니를 버리고 불법을 취해도 불교가 아닙니다. 무엇이든지 취하거나 버릴 것 같으면 실제로 무상대도에 계합되지 못한다는 뜻입니다. 그러므로 누구든지 참으로 불법을 바로 알고 무상대도를 바로 깨치려면 간택하는 마음부터 먼저 버리라 한 것입니다."

순간순간 취하고 버리는 것이 일상인 나그네의 생각으로는 범접하기 힘든 경지이다. 지극한 도는 선과 악을 취하지도 버리지도 않는다고 하니 아리송할 수밖에 없다. 그러나 성철 스님의 다음과 같은 노래에서는 공감을 넘어 감동으로 가슴이 적셔진다.

사탄이여! 어서 오십시오.
나는 당신을 존경하며 예배합니다.
당신은 본래로 거룩한 부처님입니다.
사탄과 부처란 허망한 거짓 이름일 뿐 본모습은 추호도 다름이 없습니다.
사람들은 당신을 미워하고 싫어하지만 그것은 당신을 모르기 때문입니다.
당신이 부처인 줄 알 때에 착한 생각 악한 생각 미운 마음 고운 마음 모두 사라지고 거룩한 부처의 모습만 뚜렷이 보게 됩니다.
그리하여 악마와 성인으로 다같이 부처로 스승으로 부모로 섬기게 됩니다.
여기에서는 모든 대립과 갈등은 다 없어지고 이 세계는 본래로 가장 안락하고 행복한 세계임을 알게 됩니다.
일체의 불행과 불안은 본래 없으니 오로지 우리의 생각에 있을 뿐입니다.
우리가 나아갈 가장 근본적인 길은 거룩한 부처인 당신의 본모습을 바로 보는 것입니다. 당신을 부처로 바로 볼 때에 온 세계는 본래 부처로 충만해 있음을 알게 됩니다.

평상의 마음이란 무엇인가? 그것은 일부러 짐짓 꾸미지 않고, 이러니저러니 가치 판단을 하지 않으며, 마음에 드는 것만을 좋아하지도 않고, 단견 상견을 버리며 평범하다느니 성스럽다느니 하는 생각과 멀리 떨어져 있는 그런 마음을 가리킨다. 솔 향기에 취한 김룡사 돌부처님

나그네는 이쯤에서 장엄한 오케스트라의 연주를 듣는 기분에 사로잡힌다. 말로 표현할 수 없는 '취하고 버림'이 없는 그 어떤 미묘한 방정식으로 가슴이 적셔지는 것 같다. 타성과 관념으로 켜켜이 쌓인 나그네의 머릿속이 스님의 계속되는 강설로 씻어진다.

미워하고 사랑하지만 않으면
통연히 명백하니라.
但莫憎愛 洞然明白

"미워하고 사랑하는 이 두 가지 마음만 없으면 무상대도는 툭 트여 명백하다는 것입니다.

부처는 좋아하고 마구니는 미워하며, 불법을 좋아하고 세간법은 미워하는 증애심憎愛心만 버리면 지극한 도는 분명하고 또 분명하다는 것입니다.

그러므로 누구든지 무상대도를 성취하려면 간택하는 마음을 버려야 하는데, 그 가운데 대표적인 것이 미워하고 사랑하는 마음, 즉 증애심입니다. 이 증애심만 완전히 버린다면 무상대도를 성취하지 않으려야 않을 수 없습니다.

이상의 네 구절이 바로 〈신심명〉의 근본 골자입니다.

임제 정맥으로서 낭야 각覺선사라는 큰스님이 계셨습니다. 그 스님에게 어느 재상이 편지로 '신심명은 불교의 근본 골자로서 지극한 보배입니다. 이 글에 대하여 자세한 주해註解를 내려주십시오' 하고 부탁했습니다. 그랬더니 낭야 각선사가 답하기를 '至道無難이요 唯嫌揀擇이니 但莫憎愛하면 洞然明白이라' 하는 첫 구절만 큼지막하게 쓰고, 그 나머지 구절들은 모두 조그맣게 써서 주해로 붙여버렸습니다. 그렇게 한 뜻이 무엇일까요? 〈신심명〉의 근본 골수는 크게 쓴 구절 속에 다 있으므로 이 구절의 뜻만 바로 알면 나머지 구절들은 모두 이 구절의 주해일 뿐, 같은 뜻이라는 말입니다. 낭야 각선사가 앞 네 구절만 크게 쓰고 뒷구절은 주해로써서 답장한 이것은 〈신심명〉에 대한 천고의 명주해로서, 참으로 걸작이란 평을 듣는 역사적으로 유명한 사실이 되어버렸습니다.

그러므로 누구든지 이 〈신신명〉을 바로 알려면 미워하거나 사랑하는 마음을 버려야 할 것입니다. 이러한 증애심만 떠나면 중도정각中道正覺입니다. 대주 스님은 〈돈오입도요문頓悟入道要門〉에서 '증애심이 없으면 두 성품이 공하여 자연히 해탈한다'고 말하고 있습니다. 따라서 이 첫 네 구절이 〈신심명〉의 핵심이고 뒷구절들은 더 볼 필요가 없습니다. 그러므로 실제로는 낭야 각선사의 말씀처럼 뒷구절들은 주해의 뜻으로 이해하여야 할 것입니다."

나그네는 이 감당 못할 말들을, 한 생각도 일으키지 않은, 아직 더럽혀지지 않은 평상의 마음平常心이 도道라는 말로 이해하고 싶다. 중국의 마조는 다음과 말하고 있다.

'평상의 마음이란 무엇인가? 그것은 일부러 짐짓 꾸미지 않고, 이러니저러니 가치 판단을 하지 않으며, 마음에 드는 것만을 좋아하지도 않고, 단견 상견斷見常見을 버리며 평범하다느니 성스럽다느니 하는 생각과 멀리 떨어져 있는 그런 마음을 가리킨다. 강가의 모래가 그다운 구실을 하고 있는 것 또한 법계를 벗어나 있지 않아서이다.'

무엇이건 취하고 버리고 미워하고 사랑하지 않는 강가의 모래 한 알처럼 제자리에서 모래다운 구실을 하고 살 일이다. 그것이 바로 마음이 한가로워지고 무엇에 얽매이지 않은 도가 아닐 것인가.

마치 중국의 유마거사로 불렸던 방 거사의 일상처럼. 방 거사는 석두 희천선사가 "그대는 나를 만난 이후 날마다 어떻게 보내고 있는가?"라고 묻자 "날마다의 일을 물으신다면 입을 열고 할 말이 없습니다"라고 대답했다. 대신 시 한 수를 지어 올렸는데 다음과 같았다.

날마다 하는 일이라곤 별다른 것도 없고
오직 나 스스로 가볍게 탈없이 지낼 뿐
무엇 하나 취하지도 버리지도 아니하므로
어디서 무엇을 하건 재난이 찾아들 일도 없다

빨강색이니 자주색이니 하니 누구를 이름인고
이 산중은 티끌 하나 없이 평화로운 고장
나의 신통력과 묘용은 어떤 것이냐 하면
물이나 긷고 땔나무나 나르면서 그저 그럴 뿐.
日用事無別 唯吾自偶諧
頭頭非取捨 處處沒張乖
朱紫誰爲号 丘山絶点埃
神通幷妙用 運水與搬柴

이후 방 거사는 마조선사를 만나 활연히 깨친다. 강서에 있는 마조를 친견한 후 "만법과 관계없는 사람, 그것은 어떠한 사람입니까?" 하고 물었던 것인데, "그대가 서강西江의 물을 한입에 다 마셔버린다면 자네에게 말해주지!"라는 마조의 대답에 문득 현묘한 도리를 깨쳤던 것이다.

《방 거사 어록》 서문에 보이는 그의 행장은 다음과 같다.

'거사의 이름은 온蘊, 자는 도현道玄, 출신은 양양(현재의 호북성) 사람이다. 아버지는 형양 태수로 있었다. 그는 형양 남쪽에서 한때 살다가 그 집 서쪽에 암자를 지어서 불도를 닦은 지 수년 만에 가족 모두가 깨달음을 얻었다. 현재의 오공암悟空庵이 그것이다. 그 뒤에 암자 아래쪽에 있던 자기 집을 기증하여 절을 만들었다. 현재의 능인사能仁寺가 그것이다. 정원 연간(785~805)에 수만

돈꿰미의 값어치가 되는 재산을 배에 싣고 동정의 상강湘江으로 저어나가서 그것을 몽땅 강물 한가운데 던지고 말았다. 그로부터는 마치 물 위에 떠내려가는 나뭇잎과도 같은 생애를 보냈다. 거사에게는 아내와 일남 일녀가 있었고, 대나무 세공품을 만들어 팔아 조석 끼니를 때워나갔다.'

헐벗고 굶주린 이를 도와줄 수도 있었을 텐데 그의 재산을 상강에 던진 것은 무엇 때문이었을까. 재산이야말로 맑은 마음을 더럽히는 탐욕과 집착의 근원이라고 보았기 때문이었을 것이다. 그러니 방 거사의 입장에서는 가난한 이에게 재산을 주는 것은 그를 돕는 일이 아니라 망치는 것이라고 보았음이 틀림없다. 강물의 거품을 보는 이와 저류(근본)를 보는 이는 이처럼 다르다.

"니는 무엇을 위해 사느냐?" "행복을 위해서 삽니다." 사춘기 여학생들의 주된 관심사는 행복과 사랑이었다. 수경도 예외는 아니었던 것이다. 성철은 '네가 찾는 행복은 진짜 행복이 아니다'라는 식으로 표정을 짓더니 잘라 말했다. "행복에는 영원한 것과 일시적인 것이 있다." "스님, 저는 바보가 아닙니다." "허허허." 성철의 웃음소리에 수경은 아버지에 대한 응어리가 풀림을 느꼈다.

다시 금강굴과 백련암에서 발심의 말뚝을 박는다

영원한 행복이란 무엇인가

　　불필 스님이 계시는 금강굴은 가야산 비봉飛鳳 남단에 있는 암자이다. 성철 스님이 열반에 들기 전 얼마 동안 머물렀던 암자이기도 하다. 해인사의 산내암자 중에서 가야산 정상이 보이는 암자는 원당암과 금강굴뿐이라고 한다. 그러나 나그네는 그러한 풍수적인 것보다는 맞은편 멀리 백련암이 보이는 것에 관심이 더 간다. 불필 스님이 계시는 금강굴은 백련암을 올려다보고 있고, 성철 스님이 계셨던 백련암은 금강굴을 내려다보고 있다. 실제로 성철 스님과 불필 스님은 혈연적으로 아버지와 딸의 관계이고, 불문佛門 안에서는 스승과 제자 사이다.

　　우리나라에 이러한 예는 일찍이 신라시대에 부설과 월명이 있었고, 최근에는 관응선사와 명성 스님이 있다. 모두 스승과 제자이기 이전에 아버지와 딸의 관계로 '영원한 행복'을 위해 불도를 닦은 분들이다.

암자 안팎으로 눈에 들어오는 무엇이나 깨어 있다.
마당을 덮고 있는 은모래 한 알까지도 제자리를 지키며 깨어 있는 것이다.
성철 스님이 열반에 들기 전 잠깐 동안 머물렀던 금강굴

나그네는 오락가락하는 봄비를 피해 금강굴 처마 밑으로 들어선다. 금강굴은 도량 전체가 선방처럼 느껴져 발걸음을 옮기기가 조심스러워진다. 수행자란 예불할 때 말고는 한 발짝도 쓸데없이 걷지 않는다는 말이 실감되는 공간이다. 수행이란 심신을 고요하게 하는 것이다. 한 학인學人이 "무엇이 학인의 본분입니까?" 하고 묻자 선사가 "나무가 흔들리면 새가 날아가고 고기가 놀라면 물이 흐려진다"고 대답한 것도 그러한 이치이다.

비질 흔적이 어느 암자보다도 선명하다. 마당만 그런 것이 아니라 봄꽃이 만발한 화단 사이사이에도 비질 흔적이 또렷하다. 채마밭도 부지런한 호미질로 밭고랑이 빈틈없이 정갈하다. 암자 안팎으로 나그네 눈에 들어오는 무엇이나 깨어 있다. 마당을 덮고 있는 은모래 한 알까지도 제자리를 지키며 깨어 있는 것이다.

한참 기다리니 불필 스님이 법당 옆에 있는 문수원에서 나오신다. 미소를 지으며 말한다.

"여기 누가 비를 달고 다니는 용띠가 있는가 보다."

"스님, 제가 용띠입니다."

석남사 선방에서 돌아오신 지 얼마 되지 않아서인지 얼굴이 맑으시다. 스님은 안거 때마다 석남사 선방으로 돌아가 참선 정진에 들곤 한다. 가야산이 보임하는 공간이라면 가지산은 수행하는 공간인 셈이다.

암자 다실茶室에는 난 향기가 은은하다. 입적하신 지 몇 년 되는 일타 스님께서 보내주신 난이라고 한다. 그런 얘기를 듣고 난 후여선지 꽃이 더욱 아름답고 자비롭다. 일타 스님은 신도를 섭섭하게 하고는 마음이 아파 3일 동안 밥을 먹지 못했을 정도로 자비로운 스님이었다.

나그네가 일타 스님의 상좌 혜국 스님에게 직접 들은 얘기다. 한 번은 지족암에서 일타 스님과 둘이서 묵언정진과 동구불출을 지키며 참선 정진에 들어갔다. 스승과 제자가 작심하고 마음공부에 들어간 것이었다. 그러나 서울이나 부산 신도들이 일타 스님을 친견하려고 지족암을 찾아오곤 했다. 상구보리 하화중생 하겠다고 맹세하며 자신의 손가락을 태웠을 정도로 모진 혜국은 가차 없이 신도들을 돌려보냈다. 그런데 어느 부산 신도가 혜국으로부터 문전박대를 받았다는 얘기를 전해들은 일타 스님은 그날부터 숟가락을 들지 않았다. 혜국더러 부산 신도에게 사과의 전화를 하라는 무언의 압력과 함께. 결국 혜국은 부산 신도에게 전화를 했고, 부산 신도는 앞뒤 얘기를 듣고는 감동하여 자신도 집에서 정진에 들어갔다고 한다.

수행이 곧 자비일 터이다. 자비를 얻지 못하는 수행이 무슨 의미가 있을 것인가.《열반경》범행품에 '자비심이 곧 여래다' 라는 부처님 말씀도 있다. 수행이 깊어지면 산짐승들이 수행자를 경계하지 않고 따른다. 수행자에게 자비심으로 살생심이 지워졌기 때문이다.

"심검당에 좌선하고 있으면 산짐승들이 마당가에 왔다가 놀다 갑니다. 수꿩이 왔다 가면 그 다음에는 까치, 참새가 날아와 내가 좌선을 잘하고 있는지 보고 갑니다. 산길을 포행할 때는 새끼를 거느리고 다니는 암꿩이나 멧돼지 가족이 지나갈 때까지 내가 기다려주기도 하지요."

불필 스님이 출가하기 전에 성철 스님을 만난 것은 초등학교 다닐 때였다. 당시 수경(불필의 속명)은 공부를 잘하여 경남 산청에서 서울로 전학하여 혜화초등학교를 다니고 있었는데, 어느 날 자운 스님이 묘엄을 혜화초등학교로 보낸 것이었다. 마침 한국전쟁 직전, 성철이 봉암사에서 월내 묘관음사로 잠시 가 있을 때였다. 자운慈雲은 어린 수경을 비구니로 만들고 싶어 묘엄을 보냈고, 그들은 경부선 기차를 타고 부산까지 갔다가 다시 동해남부선 기차를 타고 월내로 갔다. 그러나 성철은 향곡, 자운, 묘엄이 이해할 수 없을 만큼 냉랭했다. 어린 수경에게 한 첫 마디는 쌀쌀하기만 했다.

"가, 가라."

성철은 자운을 원망했다.

"혼자 오지, 왜 이 아이를 데리고 왔능교."

"어허, 부처님도 가족을 전부 출가시키지 않았소."

"출가는 무슨 출가, 이 아이는 손수건 한 장도 빨 줄 모를 낀데."

어린 수경은 토라졌다. 해질 무렵인데 돌아가라니 아버지에 대한 첫인상이 뒤틀어졌다. 스님들은 다 쌀쌀맞은 사람이라는 생각이 들었다. 수경은 한 순간도 묘관음사에 있기가 싫어져 막내삼촌(당시 동국대 정치학과 재학)의 손을 잡아당기며 말했다.

"삼촌, 돌아가자."

"좀 기다려보자."

"서울로 돌아가자."

향곡이 수경을 달랬다. 수경은 향곡의 손에 이끌려 방으로 들어갔다. 향곡은 다른 스님들에게 수경이 자신의 딸이라고 거짓말을 했다. 방 안의 분위기가 정리되자, 향곡은 수경에게 물었다.

"너는 커서 무엇이 되겠느냐?"

"사람을 연구하는 사람이 되겠습니다."

향곡은 큰 몸집을 흔들며 너털웃음을 터뜨렸다.

"하하하. 철 스님보다 네가 더 크게 되겠다."

이처럼 속가의 가족을 대하는 성철의 태도는 비정했다. 훗날 성철은 제자들에게 수도팔계修道八戒를 내리면서 특히 세속과의 인연을 끊는 절속絶俗을 강조했다. 세속과의 인정에 매이다 보면 마침내 '성불을 위하여 일체를 희생한다'는 출가 의지가 퇴색해버리는 것을 경계하고자 그랬을 터이다. 성철은 수도팔계 중에 절속을 첫 번째로 외쳤다.

'세속은 윤회의 길이요, 출가는 해탈의 길이니 해탈을 위하여 세속을 단연히 끊어버려야 한다.'

부모의 깊은 은혜는 출가수도로써 보답한다. 만약 부모의 은혜에 끌리게 되면 이는 부모를 지옥으로 인도하는 것이다. 부모를 길 위의 행인과 같이 대하여야 한다.

황벽 희운선사가 수천 명의 대중을 거느리고 황벽산에 주석하였다. 그때 노모가 의지할 곳이 없어서 아들을 찾아갔다. 희운선사가 그 말을 듣고는 대중들에게 명령을 내려 물 한 모금도 주지 못하게 하였다. 노모는 하도 기가 막혀 아무 말도 못하고 돌아가다가, 대의강 물가에 가서 배가 고파 엎어져 죽었다. 그리고 그날 밤 희운선사에게 현몽하여 '내가 너에게 물 한 모금이라도 얻어먹었던들, 다생多生으로 내려오던 모자의 정을 끊지 못해서 지옥에 떨어졌을 것이다. 그러나 너에게 쫓겨나올 때 모자의 깊은 애정이 다 끊어져서, 그 공덕으로 죽어 천상으로 가게 되니, 너의 은혜는 말할 수 없다' 고 말하며 절하고 갔다 한다.

부처님은 사해군왕四海君王의 높은 지위도 헌신짝같이 벗어던져버렸으니, 이는 수도인의 만세 모범이다.

그러므로 한때의 환몽幻夢인 부모처자와 부귀영화 등 일체를 희생하여, 전연 돌보지 아니하고 오직 수도에만 전력하여야 한다.

또 수도에는 인정이 원수다. 인정이 두터우면 애욕이 아니라도

수행이 곧 자비일 터이다. 자비를 얻지 못하는 수행이 무슨 의미가 있을 것인가. 수행이 깊어지면 산짐승들이 수행자를 경계하지 않고 따른다. 수행자에게 자비심으로 살생심이 지워졌기 때문이다. **백련암 불면석 석간수**

그 인정에 끌리어 공부를 못하게 된다. 동성끼리라도 서로 인정이 많으면 공부에는 원수인 줄 알아야 한다. 서로 돕고 서로 생각하는 것이 좋은 줄 알지만 이것이 생사윤회의 출발이니 '공부하는 사람은 서로 싸운 사람같이 지내라'고 고인도 말씀하셨다.

일체의 선인악업善因惡業을 다 버리고, 영원의 자유와 더불어 독행독보獨行獨步해야 한다. 일반에 있어서 일대 낙오자가 되어 참으로 고독한 사람이 되지 않고는 무상대도無上大道를 성취하지 못한다. 그러니 일반인과는 삼팔선을 그어놓고 살아야 한다. 삼팔선을 터놓고 일반인과 더불어 타협할 때 벌써 엄벙덤벙 허송세월하다가 아주 죽어버리는 때를 보내는 것을 각오해야 한다.'

수도팔계는 단순히 제자들에게만 한 얘기는 아닐 것이다. 제자들에게 수도팔계를 요구하기 이전에 먼저 성철 자신과의 약속이었을 터이다. 성철이야말로 마음속에 지켜내야 할 삼팔선을 그어놓고 살았던 수행자가 아니었을까. 그런 의미에서 성철은 역대 어느 고승보다도 근본주의자인 것이다.

수경이 성철을 두 번째 만난 것은 당시 진주사범학교 2학년이었으니까 요즘으로 치자면 사춘기 여고생 때였다. 일사후퇴 때 서울에서 내려와 진주에서 학교를 다니고 있었던 것이다. 일찍이 아버지에 대한 인상이 씁쓸했던 수경은 할머니의 성화에 못 이겨 함께 천제굴로 갔다. 수경은 할머니를 따라오긴 했지만 천제굴로 들어서기가 내키지 않았다. 수경은 천제굴 방으로 들어가지 않고 할머니가 반찬거리를 다듬는 감나무 주위를 맴돌았다. 할머니가 성철에게 인사하라고 등을 떠밀었지만 마음이 우러나지 않았다.

"수경아, 퍼뜩 인사 올리그래이."

"인사드렸어요."

"그게 무슨 인사고? 마루로 올라가 큰절 올리그래이."

"됐습니다."

수경은 이미 수년이 흘렀건만 성철에 대한 반감이 여전했던 것이다. 수경이 마루 끝에 걸터앉자마자 성철이 한 마디 툭 던졌다.

"참 못됐다."

성철은 수경의 마음을 다 간파하고 있었다. 수경은 '참 잘 아신다' 하고 놀라면서도 모른 척했다. 수경이 마루로 올라가 큰절을 하고 나자, 성철이 미소 지으며 물었다.

"니는 무엇을 위해 사느냐?"

"행복을 위해서 삽니다."

사춘기 여학생들의 주된 관심사는 행복과 사랑이었다. 수경도 예외는 아니었던 것이다. 그러자 성철이 되물었다.

"행복을 위해 산다꼬?"

"예, 행복을 찾으려고 삽니다."

성철은 '네가 찾는 행복은 진짜 행복이 아니다'라는 식으로 표정을 짓더니 잘라 말했다.

"행복에는 영원한 것과 일시적인 것이 있다."

"스님, 저는 바보가 아닙니다."

"허허허."

성철의 웃음소리에 수경은 아버지에 대한 응어리가 풀림을 느꼈다.

"어떤 것이 영원한 행복입니까?"

"부처님같이 도를 깨쳐서 생사해탈하는 것이 영원한 행복이다."

"어떤 것이 일시적인 행복입니까?"

"이 세상 오욕五欲의 낙을 얻는 것이 일시적인 행복이다."

오욕이란 다섯 가지 욕심으로 재물욕, 명예욕, 식욕과 수면욕, 그리고 색욕을 말함이었다. 순간, 수경은 성철 앞에서 맹세를 했다. 자기와의 약속이기도 했다.

"스님, 저는 영원한 행복을 위해 살겠습니다."

여기서 성철은 수경에게 화두를 준다. '삼 서 근'이라 불리는 마삼근麻三斤 화두를 준 것이다. 수경은 당장에 영원한 행복을 얻은 것처럼 기뻤다. 이 일이 출가의 씨앗이 됐다.

"스님, 학교에 안 가겠습니다."

그러나 성철은 수경을 받아주지 않았다.

"작은 일이라도 끝을 마치지 않으면 큰일 또한 끝을 맺을 수 없는 기라. 그러니 졸업은 해라."

이 충고도 수경에게는 '자기를 속이지 말라'는 성철의 가르침 위에 또 하나의 말뚝이 된다. 사소한 것에서 갈등이 올 때마다 떠올리게 되는 금언이 된 것이다.

작은 일이라도 끝을 마치지 않으면
큰일도 끝을 마치지 못한다.

불필 스님은 나그네에게 법정 스님을 뵈려고 불일암에 다녀왔다는 얘기를 길게 하신다. 은사 인홍 스님의 일대기에 대한 문제를 상의하고 싶어 갔다고 한다. 무릎이 좋지 못해 지팡이를 짚고 갔는데, 법정 스님께 지팡이를 보이고 싶지 않아 불일암 사립문 옆 대나무 숲에 숨겨두고 들어가셨다며 미소 지으신다.

성철 스님이 살아 계셨을 때 스님을 따르는 문도들이 법정 스님에게 항의한 적이 있었다. 법정 스님이 성철 스님의 '삼천배'를 소재 삼아 '참회 없는 삼천배'는 굴신운동이라고 쓴 어느 신문 칼럼이 발단이 되었다.

결국 법정 스님은 오랫동안 머물던 해인사를 떠나게 되었는데, 나중에 성철 스님은 불필 스님에게 '그래도 펜대를 바르게 세우고 쓰는 사람은 법정뿐이다'라고 술회했다고 한다. 나그네는 장편소설 《산은 산 물은 물》을 집필하느라 성철 스님과 직간접으로 인연을 맺었고, 법정 스님은 나그네에게 법명과 계를 내려주신 계사戒師이다. 두 분에게 공통분모가 있다면 어떤 조건이 주어지더라도 자기와의 약속을 지켜내는, 자기를 속이지 않는 근본주의자란 점이다. 자기 질서와 원칙에서 벗어난 것과는 일체 타협을 거부한 점에서 그렇다. 성철 스님이 산승으로서 가야산을 벗어나지 않았던 것이나 법정 스님이 강원도 두메산골에서 화전민이 버리고 간 오두막에서 혼자 수행하시는 것도 맥락을 같이하고 있는 것이다.

금강굴 채마밭에서 난 더덕을 반찬 삼아 따뜻한 밥을 한 그릇 비우고 나그네는 백련암으로 오른다. 원택 스님과 저녁 일곱 시에 차 한잔 하기로 약속되어 있기 때문이다.

자기를 속이지 말라

우산을 써야 할 만큼 봄비가 세차게 온다. 정념당 다실에 불이 켜져 있다. 스님께서 기다리신 줄 알고 가보니 원주스님이 나와 원택 스님께서 지금 올라오시는 중이라고 전해준다. 나그네는 다실로 들어가지 않고 고심원으로 가 성철 스님 존상 앞에서 삼배를 하고 명상에 잠긴다.

고심원 주련에는 성철 스님의 열반송이 적혀 있다.

참으로 사는 첫 걸음은 자기를 속이지 않는 데 있다. 그것이 바로 중생의 울타리를 뛰어넘어 금생이 아니면 내생에라도 부처 되는 길일 터이다. 선禪이란 제자리를 지키며 숨김없이 자신을 드러내는 것

일생 동안 남녀의 무리를 속여서
하늘 넘치는 죄업은 수미산을 지나친다
산 채로 무간지옥에 떨어져서 그 한이 만 갈래나 되는데
둥근 한 수레바퀴 붉음을 내뿜으며 푸른 산에 걸렸도다.
生平欺誑男女群
彌天罪業過須彌
活陷阿鼻恨萬端
一輪吐紅掛碧山

    열반송이 신문에 보도되고 나자, 저잣거리에서는 그 해석이 분분했다. 대부분은 알 듯 모를 듯한 구절과 큰스님을 잃었다는 슬픔 때문에 고승의 열반송은 그러한가 보다 하고 넘어갔지만 기독교 쪽의 일부 반응은 '성철 스님은 불교를 믿었기 때문에 구원을 받지 못했다' 하고 오해를 했다. 성철 스님이 일찍이 왜 기독교를 만나지 못했을까 하고 안타까워했다.
    성철 스님이 열반한 지 몇 년 후에도 나그네에게는 열반송에 대한 기독교도의 편지와 논문 형식의 글이 우편으로 배달되었다. 가나안 농군학교에 계시는 한 장로 분은 열반송에 성철 스님의 한과 구원받지 못한 상황이 솔직하게 토로되어 있다는 장문의 글을 보내주기도 했다. '하늘 넘치는 죄업은 수미산을 지나친다' 는 나약할 수밖에 없는 인간으로서 솔직한 고백이고, '둥근 한 수레바퀴

붉음을 내뿜으며 푸른 산에 걸렸도다'는 구원받지 못하여 천당에 이르지 못한 상태라는 것이었다.

  가나안 농군학교 장로 분은 몇 년 동안 내내 장문의 편지를 보내왔다. 그동안 나그네는 그 할아버지 장로 분이 기독교인으로서 신앙심이 깊은 분이라고 여기며 반박하지 않았다. 종교란 믿음의 세계이기 때문에 어느 쪽을 신앙하느냐는 개인의 자유일 뿐인 것이다. 서로의 가치를 존중해주어야 한다. 지극히 선한 성품을 기독교에서는 영성이라 하고 불교에서는 불성이라 한다. 각기 다른 언어로 얘기하지만 그 근본을 깊이 들여다보면 결국은 살아 있는 동안 남을 돕고 자신의 인격을 선하게 닦자는 것이 종교적인 삶이라고 믿는다. 종교적인 가치를 놓고 선택을 강요해서는 안 된다. 마음에 그늘을 드리우게 하는 독선獨善이 되고 말기 때문이다.

  며칠 전 강원도 원주를 다녀오는 길에 부근에 가나안 농군학교가 있다는 것이 문득 생각나 또다시 그 할아버지 장로 분이 떠올랐다. 그래서 나는 원택 스님이 어느 신문에 기고한 글 중에서 한 부분을 떠올렸다. 열반송에 대한 가장 정확한 해석이 아닌가 싶어 신문을 오려두었던 것이다.

성철 스님이 종정으로 취임하신 후 그 당시에 MBC 기자 김영일 씨가 제일 처음으로 육성녹음을 했다.

"1천 3백만 불자가 있는데 그 불자들에게 한 말씀만 주십시오."
스님의 이야기는 간단했다.

"한 말씀이라…… 네 말에 속지 마라. 내 말…… 내 말이여. ……내 말에 속지 마라, 그 말이여!"

이 내용이 육성 그대로 텔레비전 화면에 실려 나갔다.

그 인터뷰로 인해서도 말들이 분분했다. 불자들의 불만은 '그런 기회가 있으면 좋은 말씀을 하셔서 국민들이 기쁘고 고마운 말씀을 할 것이지, 처음 나가는 종정 큰스님 방송 인터뷰에서 느닷없이 '내 말에 속지 마라' 하시니 그러면 당신은 만날 거짓말만 하고 사시냐는 것이었다.

성철 스님은 늘 법문하시면서 강조하셨다.

"사람이면 누구에게나 영원한 생명과 무한한 능력이 있다고 부처님은 말씀하셨다. 그러므로 우리도 부처님이 가신 길을 가면 그 누구라도 영원한 생명과 무한한 능력을 개발하여 쓸 수 있다. 그 지름길이 바로 참선이다."

그러니 '내 말에 속지 마라'고 한 뜻은 "내가 종정이라는 고깔을 쓰니 인터뷰도 오고 하는 모양인데 난들 별 사람이냐? 부처님 가르침대로 살아서 오늘 이렇게 종정이라는 고깔을 쓰지 않았느냐? 그러니 고깔 쓴 나를 보고 무엇을 얻으려 하지 말고 각자가 가지고 있는 영원한 생명과 무한한 능력을 스스로 개발해 쓰도록 하라"는 당부의 말씀인 것이다.

선가에서는 흔히 은유적 표현과 반어적 설법을 사용한다. 이 열반송도 그렇다. 기독교 인사가 어디서 착상을 했는지, 성철 스님 말을 글자만 따라가서 영 엉뚱하고 희한한 해석을 해낸 것이다. 선가의 입장에서는 성철 스님의 뜻을 전혀 이해하지 못한 포복절도 할 일로서 웃어야 할지 울어야 할지 모를 일이다.

(중략) 열반송에서 '평생 남녀의 무리를 속였다'고 한 성철 스님 말씀은 앞의 '내 말에 속지 마라' 하시는 말씀과 같은 것이다.

"내가 수행자로서 평생을 살았는데 사람들은 내게서 자꾸 무엇을 얻으려고 하고 있다. 실은 자기 속에 영원한 생명과 무한한 능력을 갖추고 있으면서 그것을 개발하려고 노력하지 않고 나만 쳐다보고 사니 내가 중생들을 속인 꼴이다. 그러니 나를 쳐다보지 말고, 밖에서 진리를 찾지 말고 자기를 바로 보아라. 각자 스스로의 마음속에 영원한 생명과 무한한 능력을 잘 개발하라."

그러한 모든 중생에게 이익을 주고 깨우치지 못하고 떠나니 섭섭하기 짝이 없다는 뜻으로 '산 채로 무간지옥에 떨어져서 그 한이 만 갈래나 된다'고 하신 것이다. 법정 스님은 효봉 스님 일대기에서 효봉 스님의 떠나심을 '장엄한 낙조'라고 하셨다. 이것과 비교해보면 '둥근 한 수레바퀴 붉음을 내뿜으며 푸른 산에 걸렸도다'라고 한 것은 당신이 떠나는 순간을 '장엄한 낙조'로 표현한 것이다. 제대로 알지 못하면서 선가의 표현을 곡해하는 일이 없었으면 좋겠다.

나그네는 법정 스님께서 원택 스님을 가리켜 '까다로운 성철 스님을 20여 년 동안 시봉한 자체만으로도 누구도 흉내 낼 수 없는 대단한 근기'라고 평하시는 것을 자주 들었는데, 성철 스님의 마음속으로 들락거린 원택 스님의 열반송 해석에 나그네는 전적으로 동감하지 않을 수 없다. 나그네의 설명이 오히려 군더더기가 될 것 같아 생략하고 있는 것이다.

저녁 일곱 시가 조금 넘자, 원택 스님이 부산에서 오는 길이어서 약속 시간보다 좀 늦었다며 다실로 들어오신다. 스님 왼편 벽에도 '불기자심不欺自心'이라는 액자가 걸려 있다.

자기를 속이지 말라不欺自心.

모든 사람들이 성철 스님을 존경하고 잊지 못하는 이유 중에 하나는 바로 성철 자신부터 '불기자심'을 평생 동안 실천한 데 있지 않았을까. 남을 속이고 자신을 속이며 사는 것이 중생의 모습衆生相이라고 볼 때 나그네는 성철 스님을 생불生佛이라 부르지 않을 수 없다. 불기자심이란 자신과의 약속을 평생 동안 지키며 살았던 성철 스님을 우리 시대의 부처라 부르고 싶어지는 것이다.

사람은 날마다, 혹은 순간순간 자기와 여러 가지 약속을 한다.

그러나 자기와의 약속을 모두 지키며 사는 사람은 드물다. 서릿발 같은 결심을 했다가도 슬그머니 물러서버릴 때가 많다. 부도란 사업하는 사람만 내는 것이 아니다. 우리 자신도 마음의 부도를 내며 살고 있다. 마음의 부도는 알게 모르게 자기 질서를 허물어뜨리고 마침내 부실한 사람이 되게 하고 만다.

그렇다. 참으로 사는 첫 걸음은 자기를 속이지 않는 데 있다. 그것이 바로 중생의 울타리를 뛰어넘어 금생이 아니면 내생에라도 부처 되는 길일 터이다.

출가 전 백련암에 있는 친구를 만나러 왔다가 만배를 한 뒤 성철 스님에게 '속이지 마라' 라는 좌우명을 받고 돌아가 결국 그 말에 걸려 출가했다는 원택 스님에게 그 좌우명은 화두와 같은 것이었다. 어느 날 문득 '속이지 마라'에 '자기를' 붙여보고는 늘 자기를 속이는 자신을 돌아보고 벼락 같은 충격을 받았던 것이다.

"큰스님께 천태전에서 만배 절돈 내놓았으니 좌우명 달라고 했더니 '속이지 마라'고 그랬습니다. 처음에는 남을 속이지 말라는 얘기인 줄 알고 영 싱겁게 생각하고 대구로 돌아왔습니다. 그러나 타성에 젖어 살던 어느 날 남이 아니라 '자기를 속이지 말라'라는 의미로 받아들이고는 발심이 울컥 솟구쳤지요. 성철 스님을 다시 찾아뵙는 출가의 계기가 된 것입니다."

녹차를 몇 잔 마신 후, 나그네는 다실에서 일어난다. 원택 스님

광대무변한 허공에 떨어지는 한 점의 빗방울도 느끼는 자의 것이다. 눈앞에 펼쳐진 진리도 깨달아 받아들이는 자의 것일 터이다. 성철 스님이 열반 전까지 중생을 제도했던 백련암이 피곤해하시는 것 같고 더구나 내일 아침 여섯 시에 서울로 가야 할 일이 있다는 말에 스님의 휴식 시간을 뺏고 싶지 않아서다.

잠시 후, 나그네는 봄비에 젖은 어두운 산길을 내려선다. 성철 스님이 남긴 법문 중에서 끝내 가슴에 남는 단 두 마디를 소리 내어 중얼거리면서.

자기를 바로 보아라.
자기를 속이지 말라.

다실에서는 차를 마시느라고 비가 오는 줄 깜박 잊고 있었는데, 바람에 나부끼는 빗방울이 얼굴을 때린다. 광대무변한 허공에 떨어지는 한 점의 빗방울도 느끼는 자의 것인가 보다. 그렇다. 눈앞에 펼쳐진 진리도 깨달아 받아들이는 자의 것일 터이다. 나그네는 문득 임제선사의 한마디를 등불처럼 들고 어둔 산길을 내려선다.

'그대들의 의심하는 한 생각이 단단한 흙덩이가 되어 그대들을 거치적거리게 한다. 그대들의 사랑하고 미워하는 감정이 축축한 물이 되어 그대들을 빠지게 한다. 그대들의 분노하는 한 생각이 뜨거운 불이 되어 그대들을 태워버린다. 그대들의 기뻐하는 한 생각이 움직이는 바람이 되어 그대들을 흔들며 지나간다.'

캄캄한 밤길이지만 훤한 새벽길 같은 느낌이다.

제2부 어둔 마음을 밝히는 성철 스님의 말씀

내가 늘 생각하는 것은 가장 빈천한 생활을 하면서 최고의 노력을 해서

어떻게 하면 모든 상대, 무정물까지도 부처님같이 받들고

부처님같이 모실 수 있는가 하는 것입니다.

이것이 세세생생의 원이고, 또 그 이상 변할 수 없는 것입니다.

자기를 바로 봅시다. 자기는 원래 구원되어 있습니다. 자기가 본래 부처입니다. 자기는 항상 행복과 영광에 넘쳐 있습니다. 극락과 천당은 꿈속의 잠꼬대입니다. 모든 진리는 자기 속에 구비되어 있습니다. 만약 자기 밖에서 진리를 구하면, 이는 바다 밖에서 물을 구함과 같습니다.

자기는 원래 구원되어 있다

영원한 진리를 위해 희생하리라

'영원한 진리'라고 하면 막연하지요. 내가 불교인이니 그것은 불교밖에 없는가, 하고 혹 볼 수도 있겠지만, 지금까지 살아오면서 내 견문이 그리 넓지는 않지만 더러 책도 읽어보았는데, 불교가 가장 수승한 것 같습니다.

그래서 지금도 불교를 그대로 믿고 있고 앞으로도 이렇게 살 것입니다. 만약에 앞으로라도 불교 이상의 진리가 있다는 것이 확실하면 이 옷(장삼)을 벗어버리겠습니다. 나는 진리를 위해서 불교를 택한 것이지, 불교를 위해서 진리를 택한 것이 아닙니다.

자기를 바로 보라

자기를 바로 봅시다.
자기는 원래 구원되어 있습니다.
자기가 본래 부처입니다.

만약에 앞으로라도 불교 이상의 진리가 있다는 것이 확실하면 이 장삼을 벗어버리겠습니다. 나는 진리를 위해서 불교를 택한 것이지, 불교를 위해서 진리를 택한 것이 아닙니다.

자기는 항상 행복과 영광에 넘쳐 있습니다. 극락과 천당은 꿈속의 잠꼬대입니다.

자기를 바로 봅시다.

자기는 시간과 공간을 초월하여 영원하고 무한합니다. 설사 허공이 무너지고 땅이 없어져도 자기는 항상 변함이 없습니다. 유형有形, 무형 할 것 없이 우주의 삼라만상이 모두 자기입니다. 그러므로 반짝이는 별, 춤추는 나비 등등이 모두 자기입니다.

자기를 바로 봅시다.

모든 진리는 자기 속에 구비되어 있습니다. 만약 자기 밖에서 진리를 구하면, 이는 바다 밖에서 물을 구함과 같습니다.

자기를 바로 봅시다.

자기는 영원하므로 종말이 없습니다. 자기를 모르는 사람은 세상의 종말을 걱정하며 두려워하여 헤매고 있습니다.

자기를 바로 봅시다.

자기는 본래 순금입니다. 욕심이 마음의 눈을 가려 순금을 잡철로 착각하고 있습니다. 나만을 위하는 생각은 버리고 힘을 다하여 남을 도웁시다. 욕심이 자취를 감추면 마음의 눈이 열려서, 순금인 자기를 바로 보게 됩니다.

자기를 바로 봅시다.

아무리 헐벗고 굶주린 상대라도 그것은 겉보기일 뿐, 본모습은 거룩하고 숭고합니다. 겉모습만 보고 불쌍히 여기면, 이는 상대를 크게 모욕하는 것입니다. 모든 상대를 존경하며 받들어 모셔야 합니다.

자기를 바로 봅시다.

현대는 물질만능에 휩쓸리어 자기를 상실하고 있습니다. 자기는 큰 바다와 같고 물질은 거품과 같습니다. 바다를 봐야지 거품은 따라가지 않아야 합니다.

자기를 바로 봅시다.

부처님은 이 세상을 구원하러 오신 것이 아니요, 이 세상이 본래 구원되어 있음을 가르쳐주려고 오셨습니다.

이렇듯 크나큰 진리 속에서 살고 있는 우리는 참으로 행복합니다.

다 함께 길이길이 축복합시다.

눈길을 돌려 밖을 내다보지 마십시오. 자기 속을 들여다봐야 합니다. 모든 보배가 자기 속에 가득 차 있습니다.

우리가 행복한 것은, 천당이 따로 있는 것이 아니라 우리가 본시 천당에 살고 있고, 본시 극락에 살고 있고, 본시 해탈한 절대적 존

재이기 때문입니다. 내가 흙덩인가, 똥덩어리인가 착각했는데 알고 보니 진금眞金입니다. 이것만 알아도 얼마나 좋습니까. 행복한 일입니다. 천하부귀를 다 누린다 해도 내가 본시 진금인 줄 아는 소식에 비하면 아무것도 아닙니다.

삼천배는 왜 하는가

　흔히 '삼천배 하라' 하면 '나를 보기 위해' 삼천배 하라는 줄 아는 모양인데 그렇지 않습니다. 그래서 내가 늘 말합니다. 나를 찾아오지 말고 부처님을 찾아오시오. 나를 찾아와서는 아무 이익이 없습니다. 그래도 사람들이 찾아오지요. 그러면 그 기회를 이용하여 부처님께 절하라, 하는 것이지요. 그래서 삼천배 기도를 시키는 것인데, 그냥 절만 하는 것이 아니라 남을 위해서 절해라, 나를 위해서 절하는 것은 거꾸로 하는 것이라고 합니다. 그렇게 삼천배 절을 하고 나면 그 사람의 심중에 무엇인가 변화가 옵니다. 그 변화가 오고 나면 그 뒤부터는 자연히 절하게 됩니다.
　처음에는 억지로 남을 위해서 절을 하는 것이 잘 안 돼도, 나중에는 남을 위해 절하는 사람이 되고, 남을 위해 사는 사람이 되며, 그렇게 행동하게 되는 것입니다.

아이 발밑에 절하듯 겸손하라

　　뜻은 비로자나불 정수리에 두고, 행실은 동자 발밑에 절하듯 하시오 高踏毘盧頂 行低童子足.

꽃보다 아이가 좋다

　　꽃보다 아름다운 것이 어린아이입니다. 어린아이들이 놀러와 춤도 추고 노래도 하며 재롱을 피울 때가 가장 즐거운 시간입니다. 어린아이들은 내 친구들입니다. 꾸밈없는 천진함의 진불眞佛입니다.

　　어린이를 집안에서 주불主佛로 모셔야 합니다. 사람이란 나이가 들수록 때가 묻기 마련입니다. 나는 때 안 묻은 어린이 편입니다. 어른이 때 안 묻은 생활을 하기 위해선 어린이를 본받아야 합니다.

재주나 지식을 경계하라

　　사람 중에서 못된 것이 중 되고
　　중들 중에서도 못된 것이 수좌 되며
　　수좌 중에서 못된 것이 도인 됩니다.

부처님은 이 세상을 구원하러 오신 것이 아니요, 이 세상이 본래 구원되어 있음을 가르쳐주려고 오셨습니다.

지식만능은 물질만능 못지않게 큰 병폐입니다. 인간 본질을 떠난 지식과 학문은 깨끗하고 순진한 인간 본래의 마음을 더럽혀서 인간을 타락하게 하기 일쑤입니다.

인간의 본래 마음은 허공보다 깨끗하여 부처님과 조금도 다름이 없습니다. 진면목을 발휘하려면 삿된 지식과 학문을 크게 버려야 합니다.

아무리 좋은 보물도 깨끗한 거울 위에서는 장애가 되고, 거울 위에 먼지가 쌓일수록 거울이 더 어두워짐과 같이 삿된 지식과 학문이 쌓일수록 마음의 눈은 더욱더 어두워집니다.

나의 법문은 독약이다

덕산 스님이 비 오듯 몽둥이로 때리고 임제 스님이 우레 같은 할을 한다 하여도 관 속에서 눈을 부릅뜨는 것과 조금도 다르지 않습니다. 송장이 관 속에서 아무리 눈을 떠봐도 무슨 소용이 있겠습니까?

그런데 내가 법상에 앉아서 쓸데없이 부처가 어떻고 선이 어떻고 교리가 어떻고 이러니저러니 하는 이 법문은 중생을 가르치는 것이 아니라 오히려 중생들에게 독약을 주는 것과 같습니다.

나의 법문이 사람 죽이는 독약 비상인 줄 바로 알 것 같으면 그런 사람은 어느 정도까지 불법을 짐작할 수 있다고 하겠습니다. 부처 되려는 병, 조사 되려는 병, 이 모든 병을 고치는 데는 우리의 자성을 깨쳐서 모든 집착을 벗어나면 참으로 자유 자재한 사람이 될 수 있지만 그렇지 못하고서는 집착을 버리려야 버릴 수 없습니다. 그러므로 우리가 정신이 바른 사람이라면 부처님이나 달마조사가 와서 설법을 한다 하더라도 귀를 막고 달아나버려야 합니다.

'성철은 너 성철이고 나는 나다, 긴 소리 짧은 소리 무슨 잠꼬대가 그리 많으냐?' 하고 달려드는 진정한 공부인이 있다면 내가 참으로 그 사람을 법상 위에 모셔놓고 한없이 절을 하겠습니다. 그런 사람이 출격대장부이며 시퍼렇게 살아 있는 사람입니다. 내 밥 내가 먹고 사는 사람들인데 어째서 남의 집 밥을 구걸하느냐 말입니다. 부디 내 밥 내가 먹고 당당하게 살아야 합니다.

산은 산이요 물은 물이로다
 원각圓覺이 보조普照하니
 적寂과 멸滅이 둘이 아니라

보이는 만물은 관음이요,
들리는 소리는 묘음妙音이라.
보고 듣는 것밖에 진리가 따로 없으니,
시회대중時會大衆은 알겠느냐?
산은 산이요, 물은 물이로다.

출가시

하늘에 가득한 큰일도 이글대는 화로 속 눈송이요
바다를 가르는 웅장한 기틀도 따가운 햇볕 속 이슬이로다
누가 덧없는 꿈꾸며 살다가 죽기를 달게 여기리오
떨쳐 일어나 영원한 진리를 홀로 밟으며 나가리라.

彌天大業紅爐雪

跨海雄基赫日露

誰人甘死片時夢

超然獨步萬古眞

오도송

황하수 곤륜산 정상으로 거꾸로 흐르니
해와 달은 빛을 잃고 땅은 꺼지는도다

문득 한번 웃고 머리를 돌려 서니

청산은 예대로 흰 구름 속에 섰네.

黃河西流崑崙頂

日月無光大地沈

遽然一笑回首立

靑山依舊白雲中

열반송

일생 동안 남녀의 무리를 속여서

하늘 넘치는 죄업은 수미산을 지나친다

산 채로 무간지옥에 떨어져서 그 한이 만 갈래나 되는데

둥근 한 수레바퀴 붉음을 내뿜으며 푸른 산에 걸렸도다.

生平欺誑男女群

彌天罪業過須彌

活陷阿鼻恨萬端

一輪吐紅掛碧山

내가 사는 길은 오직 남을 돕는 것밖에 없습니다. 내 집 안에 계시는 부모님을 잘 모시는 것이 참 불공입니다. 가난하고 약한 사람들을 잘 받드는 것이 참 불공입니다. 보잘것없어 보이는 벌레들을 잘 보살피는 것이 참 불공입니다. 넓고 넓은 우주, 한없는 천지의 모든 것이 다 부처님입니다. 수없이 많은 이 부처님께 정성을 다하여 섬기는 것이 참 불공입니다.

부처님을 팔지 말라

자비란 봉사다

자비란 요즘 말로 표현하면 사회적으로 봉사하는 것입니다. 불교는 자비가 근본이므로 남을 돕는 것이 근본입니다. 그래서 모든 생활 기준을 남을 돕는 데 두어야 한다는 것입니다.

남을 도우며 살라

일체 만물은 서로 의지하여 살고 있어서, 하나도 서로 관련되지 않은 것이 없다는 진리는 부처님께서 크게 외치는 연기緣起의 법칙이니 만물은 원래부터 한 뿌리이기 때문입니다.

이쪽을 해치면 저쪽은 손해를 보고, 저쪽을 도우면 이쪽도 이익을 받습니다.

남을 해치면 내가 죽고, 남을 도우면 내가 사는 것은 당연한 일입니다. 이러한 우주의 근본 진리를 알면 남을 해치려고 해도 해칠 수가 없습니다.

일체 만물은 서로 의지하여 살고 있어서, 하나도 서로 관련되지 않을 것이 없다는 진리는 부처님께서 크게 외치는 연기의 법칙이니 만물은 원래부터 한 뿌리이기 때문입니다.

참으로 내가 살고 싶거든 남을 도웁시다. 내가 사는 길은 오직 남을 돕는 것밖에 없습니다.

보살도(菩薩道: 보살 정신)는 행복의 극치입니다. 자기를 버리고 남을 위해서만 살아가는 것입니다. 나는 아무리 고생이 되더라도 남의 안락을 위해서만 노력해보십시오. 남을 위한 노력과 고생이 커짐에 따라 남이 더욱 안락해지면 나의 행복은 더 커지는 것입니다. 인간은 나를 중심으로 하는 한 욕심의 노예가 되므로 모든 죄악과 불행이 옵니다. 나를 잊어버리고 남에게 이익이 되는 생활을 계속하면 자연히 인격이 순화되어 영원하고 무한한 자기의 참모습을 보게 됩니다.

무엇이 참다운 불공인가

집집마다 부처님이 계시니 부모님입니다.
내 집 안에 계시는 부모님을 잘 모시는 것이 참 불공佛供입니다.
거리마다 부처님이 계시니 가난하고 약한 사람들입니다.
이들을 잘 받드는 것이 참 불공입니다.
발밑에 기는 벌레가 부처님입니다.

보잘것없어 보이는 벌레들을 잘 보살피는 것이 참 불공입니다.
머리 위에 나는 새가 부처님입니다.
날아다니는 생명을 잘 보호하는 것이 참 불공입니다.
넓고 넓은 우주, 한없는 천지의 모든 것이 다 부처님입니다.
수없이 많은 부처님께 정성을 다하여 섬기는 것이 참 불공입니다.

절은 불공을 가르치는 곳이지 불공하는 곳이 아닙니다. 탁자에 앉아 있는 부처님만 부처고, 밖에 있는 부처님은 부처 아니냐는 말입니다. 탁자에 앉아 있는 부처님은, 모든 존재가 부처라는 것을 가르쳐서 모든 존재를 부처님으로 모시도록 가르치고 있습니다. 순전히 명 빌고 복 빌고, 남이야 죽든 말든, 이리 되면 부처님 말씀은 꿈에도 모르는 사람입니다.

자기만을 위해 절에 다닌다면 그것은 불공과는 역행됩니다. 나를 해롭게 하고, 원한이 맺힌 원수를 돕는다는 것은 여간 어려운 일이 아닙니다. 그렇지만 나를 해롭게 하고 나를 미워하는 사람을 가장 존경하고 돕는 것이 참된 불공입니다. 이것이 진정한 불교입니다. 원수를 사랑하라는 말도 있지만 불교에서는 설사 부모나 자

식을 죽인 사람이라 할지라도 부모와 같이 섬기라 했습니다. 보통 사람을 돕거나 존경하기는 쉽지만 원수를 그렇게 하기란 참으로 어려운 일입니다. 그러나 그것이 자비입니다. 이런 것이 진정한 불공이고, 또한 불교의 근본사상입니다.

부처님께서는 아무리 많은 물자를 당신 앞에 갖다놓고 예불하고 공을 들이는 것보다도 잠시라도 중생을 돕고 중생에게 이익 되게 하는 것이 몇천만 배 비유할 수 없이 더 낫다고 단정하셨습니다.

남을 도와주는 것은 착한 일이지만 자랑하는 것은 나쁜 일입니다. 애써 불공해서 남을 도와주고 나서 자랑하면 모두 자신의 불공을 부수어버리는 것입니다. 불공을 자랑과 자기 선전을 하기 위해 하는 사람이 많습니다. 그러나 그것은 불공이 아닙니다. 입으로 부수어버리지 말아야겠습니다.

불공하는 방법을 여러 가지로 예를 들었더니 어떤 학생이 이렇게 질문해왔습니다. '스님은 불공 안 하시면서 어째서 우리만 불

공하라고 하십니까?' '나도 지금 불공하고 있지 않은가. 불공하는 방법을 가르쳐주는 것도 불공 아닌가.'

간디의 자서전을 보면, 간디는 영국에 유학 가서 예수교를 배웠는데 예수교에서는 사람 사랑하는 것을 배우고, 그 후 불교에서 진리에 눈 떴는데, 일체 생명을 사랑하는 것을 배웠다는 것입니다. 그래서 그가 말하기를 남의 종교를 말하는 것은 안됐지만, 비유하자면 예수교가 접시의 물이라면 불교는 바다와 같다 하였습니다.

불교에서는 사람만이 상대가 아닙니다. 일체 중생이 그 상대입니다. 불교에서는 사람이고, 짐승이고, 미물이고 할 것 없이 일체 중생 모두가 불공 대상입니다.

남을 올려다보라

사람이 야망이 많아서 남을 무시하고 깔보면 내생에는 키 작은 과보를 받는다고 했습니다. 그래서 언제나 남을 올려다봐야 하고 남이 내려다보는 것입니다.

부처님을 팔지 말라

　　부처님을 팔아서 먹고 사는 사람을 도적이라 한다면, 그런 사람이 사는 처소를 무엇이라고 해야 하겠습니까? 그곳은 절이 아니고 도적의 소굴, 적굴賊窟입니다.

　　그러면 부처님은 무엇이 되겠습니까? 도적놈의 앞잡이가 되는 것입니다. 부처님이 도적에게 팔려 있으니 도적의 앞잡이가 되는 것이지요.

　　딴 나라는 그만두고라도, 우리나라에 절도 많고 승려도 많지만 부처님께서 말씀하신 도적의 딱지를 면할 수 있는 승려는 얼마나 되며, 또 도적의 소굴을 면할 수 있는 절은 몇이나 되며, 도적의 앞잡이를 면할 수 있는 부처님은 몇 분이나 되는지 참으로 곤란한 문제입니다.

　　우리 자신이 도적놈 되는 것은 자기 업이라 어찌지 못한다고 생각하여 지옥으로 간다 할지라도, 천추만고 우주개벽 이래 가장 거룩하신 부처님을 도적 앞잡이로 만들면 어떻게 되겠습니까.

　　부처님 파는 방법에는 여러 가지가 있습니다. 그중에서 가장 대표적인 것이 소위 불공한다는 것입니다. 이것은 순전히 부처님을 파는 것입니다. '우리 부처님 영험하여 명命도 주고 복福도 주니 우리 부처님께 와서 불공하라'고 승려는 목탁을 칩니다. 목탁이란 본시 법을 전하는 것이 근본입니다. 세상에 바른 법을 전하여 세상 사람들이 모두 살게 하라는 말입니다. 그러나 지금 우리나라 실정에서 목탁이 돈벌이에 이용 안 되는 절은 별로 없습니다. 부처님 앞에서 목탁 치면서 명 빌고 복 빌고 하는 것은 장사입니다. 부처님을 파는 것입니다.

남을 위해 기도하라

참으로 남을 도울 수 있는 사람이라면 날마다 아침에 백팔배 기도를 해야 합니다. 나도 새벽으로 꼭 백팔배를 합니다. 그 목적은 나를 위해 기도하지 않고 다음과 같이 발원합니다.

제 스스로 복을 얻거나 천상에 나고자 구함이 아니요
모든 중생이 함께 위없는 보리 얻어지이다.
我今發心 不爲自求 人天福報
願與法界衆生 一時同得 阿縟多羅三藐三菩提

그리고 끝에 가서는,

중생들과 불도에 회향합니다.
　　回向衆生及佛道

일체 중생을 위해, 남을 위해 참회하고 기도했으니 기도한 공덕이 많습니다. 이것은 모두 일체 중생에게 가버리라는 것입니다. 그러고도 부족하여,

　　원하옵나니 수승한 이 공덕으로
　　위없는 진법계에 회향하오며.
　　願將以此勝功德
　　回向無上眞法界

그래도 혹 남은 것, 빠진 것이 있어서 나한테로 올까 봐 온갖 것이 위없는 진법계로, 온 법계로 돌아가 나한테는 하나도 오지 말라는 말입니다.

성불해서 연화대 위에 앉아 계시는 부처님이나 죄를 많이 지어 무간지옥에 있는 중생이나 실상은 똑같은 것입니다. 그래서 아무리 죄를 많이 지었고 나쁜 사람이라도 그 사람을 부처님같이 존경하라는 것입니다. 이 말은 불교의 생명이라 해도 과언이 아닙니다.

사탄이여,
나는 당신을 존경합니다

원수를 부처님같이 존경하라

불교에는 '용서容恕'란 말이 없습니다. 용서란 말이 없다고 잘못한 사람과 싸우라는 말은 물론 아닙니다. 상대를 용서한다는 것은 나는 잘했고, 너는 잘못했다, 그러니 잘한 내가 잘못한 너를 용서한다는 이야기인데, 그것은 상대를 근본적으로 무시하는 말입니다. 상대의 인격에 대한 큰 모욕입니다.

불교에서는 '일체 중생의 불성은 꼭 같다一切衆生 皆有佛性'고 주장합니다. 성불해서 연화대 위에 앉아 계시는 부처님이나 죄를 많이 지어 무간지옥에 있는 중생이나 자성自性 자리, 실상은 똑같은 것입니다. 그래서 아무리 죄를 많이 짓고, 아무리 나쁜 사람이라도 겉을 보고 미워하거나 비방해서는 안 됩니다.

그러면 어떻게 해야 하는가? 아무리 죄를 많이 지었고 나쁜 사람이라도 그 사람을 부처님같이 존경하라는 것입니다. 이 말은 불교의 생명이라 해도 과언이 아닙니다. 부처님을 실례로 들어도 그

불교의 진정한 의미에서의 선이란, 선과 악을 완전히 버리고 그래서 선과 악이 융합하는 것을 말합니다. 즉 중도의 세계를 말합니다. 선과 악이 대립되어 있는 것은 진정한 선이 아닙니다.

와 같습니다. 부처님을 일생 동안 따라다니면서 애를 먹이고 해치려고 수단을 가리지 않던 사람이 제바닷타調達입니다. 제바닷타는 부처님의 불공대천의 원수인데 부처님은 어떻게 원수를 갚았습니까? 성불成佛, 성불로써 갚았습니다.

불교에는 '구제救濟'란 말이 없습니다. 남을 돕는다면 부자가 가난한 이를 돕는 태도인데, 이것은 참으로 남을 도울 줄 모르는 것입니다.

병든 부모를 자식이 모시듯, 배고픈 스승께 음식을 드리듯, 떨어진 옷을 입으신 부처님께 옷을 올리듯 하여 모든 '남'을 항상 받들어 모시는 태도만이 진정으로 남을 돕는 것입니다.

구제라 함은 이와 반대로 약하고 가난한 상대를 불쌍한 생각으로 돕게 되는바, 이는 상대의 인격에 대한 큰 모독이니 불교에서는 구제란 있을 수 없습니다.

어디를 가나 배고픈 부처님, 옷 없는 부처님, 병든 부처님이 많습니다. 이런 무수한 부처님들을 효자가 부모 모시듯이, 신도가 부처님 받드는 성심으로 여기며 돕는 것이 불교의 가르침이니 '봉사'가 있을 뿐 구제는 없습니다.

내가 늘 생각하는 것은 가장 빈천한 생활을 하면서 최고의 노력을 해서 어떻게 하면 모든 상대, 무정물無情物까지도 부처님같이 받들고 부처님같이 모실 수 있는가 하는 것입니다. 이것이 세세생생의 원이고, 또 그 이상 변할 수 없는 것입니다.

선과 악은 헛된 분별이어서 악마와 부처가 이름은 달라도 몸은 한 몸입니다. 그러하니 악인을 보면 부처님같이 존경해야 합니다. 악인은 때 묻은 옷을 입은 사람, 부처님은 깨끗한 옷을 입은 사람과 같습니다. 때 묻은 옷을 입었다고 사람을 차별대우하면 이는 옷만 보고 사람을 보지 못한 것입니다. 그러므로 '사탄이여, 물러가라' 고 외치지 말고 '사탄이여, 거룩합니다. 나는 당신을 존경합니다' 라고 정성을 다하여 섬기십시오. 그러면 이 세상에서 사탄은 찾아볼 수 없게 되고, 오직 부처와 부처만이 서로서로 손을 잡고 살게 될 것입니다.

누가 부처님인가

교도소에서 살아가는 거룩한 부처님들

오늘은 당신네의 생신이니 축하합니다.

　　　술집에서 웃음 파는 엄숙한 부처님들
　　　오늘은 당신네의 생신이니 축하합니다.

　　　밤하늘에 반짝이는 수없는 부처님들
　　　오늘은 당신네의 생신이니 축하합니다.

　　　꽃밭에서 활짝 웃는 아름다운 부처님들
　　　오늘은 당신네의 생신이니 축하합니다.

나는 누구인가
　　　전생에 내가 착한 사람이었는지
　　　악한 사람이었는지를 알고 싶으면

　　　금생에 내가 받는 것,
　　　지금 행복한 사람이냐
　　　불행한 사람이냐를 살펴보면 압니다.

　　　내생에 내가 행복하게 살 것인가

불행하게 살 것인가를 알고 싶으면
지금 자신이 하는 일을 보면 알 것입니다.

신심이 성지이다

관세음보살이 나타나는 곳이 보타산입니다. 문수보살이 나타나는 곳이 오대산입니다. 오대산이 따로 없고 보타산이 따로 없습니다. 사람마다 신심信心에 있습니다.

신심! 신심으로 공부하고 기도하면 누구든지 살아서 관음도 문수도 볼 수 있으며 산 부처님도 볼 수 있습니다. 신심으로 공부하고 기도할 뿐이지 다른 아무것도 없습니다.

인간의 존엄성을 찾아라

인간의 존엄성이란 깨끗한 거울과 같습니다. 거울은 본래 깨끗해서 아무 티끌도 없는 것인데, 먼지가 꽉 앉을 것 같으면 본래의 작용을 못합니다. 즉 거울 본래의 때 안 묻은 깨끗한 거울로 복구만 시키면 모든 것이 다 해결됩니다.

그렇게 하려면 먼지를 닦아내야 합니다. 먼지만 닦아내면 그만이지 거울을 딴 데 가서 구할 것도 없고, 또 찾을 필요도 없습니다.

그래서 깨끗한 인간의 절대성, 인간의 존엄성을 복구하는 것이 중요하다고 생각합니다.

요즘 보면 밥을 '먹는' 사람은 드물고 밥에 '먹히는' 사람이 되어 있습니다. 이 근본을 보면 인간 자신의 존엄성을 상실하였기 때문에 그런 것입니다. 본래 인간은 절대적 존재인데, 그 절대적인 인간의 존엄성은 상실하고 물질의 주구走狗가 되어버렸습니다. 물질의 신봉자가 되어버렸단 말입니다.

인간의 존엄성을 알고 보면 나도 부처, 너도 부처, 모두 부처입니다. 부처가 부처끼리 서로 존경 안 하려야 안 할 수 없습니다.

삶과 죽음은 둘이 아니다

생사란 바다의 파도와 같습니다. 끝없는 바다에서 파도가 일어났다 꺼졌다 하듯이 우리도 그렇게 났다가 죽었다 합니다. 그러나 바다 자체로 볼 때는 늘고 줄어듦이 없듯이 생사 자체도 그렇습니다. 인간뿐 아니라 만물의 자체는 바다와 같이 광대무변하고 영원해서 상주불멸常住不滅 불생불멸不生不滅입니다. 그러니 생과 사는 하나이지 둘로 볼 수 없습니다.

지구의 종말론은 착각이다

불교는 일체가 상주불멸이라고 주장하여 종말은 없다고 봅니다. 우주를 구성하고 있는 자체는 진여眞如라고 하여 영원불멸입니다.

삼라만상은 진여의 바다에서 발현되는 것이어서 피상적으로 천변만화해도 진여는 불변이며, 따라서 모든 현상도 불멸입니다. 요사이 자연과학에서도 우주의 상주불멸, 질량불변의 법칙을 주장하고 있지 않습니까.

자연계를 구성하는 에너지와 질량은 불멸, 불변함이 자연계의 기본원리이니 자연계가 보존됨은 당연한 결론입니다.

종말론은 인간의 지혜가 어둡던 구시대의 착각이니 지구 종말은 추호도 걱정할 게 없습니다. 오직 영원불멸의 이 현실을 바로 보고, 이 거룩한 현실 속에서 인생을 구가할 뿐입니다.

출가란 무엇인가

출가라 하면 문자 그대로 집을 버린다, 가정을 떠나고 가족을 등진다는 말입니다. 조그마한 가정과 가족을 버리고 큰 가족인 국가와 사회를 위해서 사는 것을 의미합니다.

출가의 근본정신은 자기를 완전히 버리고 일체를 위해서 사는 데 있습니다. 자기 중심이 되어 산다면 그것은 출가出家가 아니라

재가在家입니다. 출가자가 자기 중심에 빠지게 되면 거기에 온갖 부정과 분쟁이 생기게 됩니다.

운명은 없다

인과가 있을 뿐이지 운명은 없습니다. 콩 심은 데 콩 나고 팥 심은 데 팥 나는 우주의 근본법칙 그대로입니다. 모든 결과는 노력 여하에 달려 있습니다. 결과를 걱정할 것이 아니라 힘써 노력하면 좋은 결과는 자연히 따라옵니다. 여기에 큰 자유의 원리가 깔려 있습니다. 어떤 분은 결과가 원인에 반비례하는 일도 있다고 할지 모르나 이는 노력이 부족한 탓이지 운명은 아닙니다. 자력自力을 다했을 때 타력他力이 나타납니다.

업에 따라 귀하게도 되고 천하게도 됩니다. 자기가 짓고 자기가 받는 것입니다. 햇빛 속에 똑바로 서면 그림자도 바르게 되고 몸을 구부리면 그림자도 구부러지는 것입니다. 바른 업을 지으면 모든 생활이 바르게 되고 굽은 업을 지으면 모든 생활이 굽어집니다. 그래서 나는 말합니다. 절대로 타살他殺은 없다. 전부 다 자살自殺이라고 말입니다.

선한 일을 하면 좋은 결과가 오고, 악한 일을 하면 나쁜 과보가 옵니다. 병이 났다든지, 생활이 가난하여 어렵다든지 하는 것이 악한 과보입니다. 그러면 무엇인가 악의 원인이 있는 것입니다. 물론 지금은 그것이 기억에 없지만 세세생생 내려오며 지은 온갖 악한 일들이 그 과보의 원인이 되는 것입니다.

불교란 깨달음이다

불교란 불佛, 즉 부처님의 가르침입니다. 부처란 인도 말로 붓다라 하는데, '깨친 사람'이란 뜻입니다. 불교란 일체 만법의 본원 자체를 깨친 사람, 다시 말해 부처의 가르침이므로 결국 깨달음에 그 근본 뜻이 있습니다. 만약 불교를 논의함에 있어 깨친다覺는 데에서 한 발짝이라도 떠나 불교를 말한다면 그것은 절대로 불교가 아닙니다. 불교의 근본인 그 깨친다는 것은 일체 만법의 본원 그 자체를 바로 아는 것입니다.

불교는 성불, 즉 부처되는 것이 목적입니다. 언설과 이론만 가지고는 성불하지 못합니다. 아무리 큰 학자라도 언설과 이론만 가지고서 성불한 사람은 단 한 사람도 없습니다.

그렇다면 왜 《팔만대장경》을 만들어놓았는가? 금강산이 천하에 유명하고 좋기는 하나 그것을 세상에 알리기 위해서는 안내문이 필요합니다. 금강산을 잘 소개하면 '아! 이렇게 경치 좋은 금강산이 있구나. 우리도 한번 금강산 구경을 가야겠구나' 생각하고 드디어 금강산을 실제로 찾아보게 되는 것입니다. 이러한 안내문이 없으면 금강산이 그렇게 좋은 곳인 줄 세상 사람들이 어떻게 알 수 있겠습니까?

그와 마찬가지로 이 언어문자로 이루어진 언설과 이론인 《팔만대장경》은 깨달음에 이르기 위한 일종의 노정기路程記입니다.

그림 잘 그리는 사람을 데려다 어떤 사람과 꼭 같은 모습을 그려놓고 그 사람의 이름을 부른다고 해서 대답을 하겠습니까? 천 번 만 번 불러보아도 대답이 없습니다. 아무리 잘 그려놓아도 그림 속의 사람은 대답할 수 없으니 실제의 사람하고는 아무런 관계가 없습니다. 이처럼 언어문자는 노정기나 소개문은 될 수 있는 것이지만, 그것이 실제 금강산이나 서울인 줄 알아서는 영원토록 금강산도 서울도 못 보고, 평생 헛일한 미친 사람이 되고 맙니다.

부처님은 언어문자를 달 가리키는 손가락으로 비유하셨습니다. 손가락으로 달을 가리키면 누구든지 그 손가락 끝을 따라 허공에 뜬 달을 보아야 할 것인데, 바보는 달은 쳐다보지 않고 손가락 끝만 쳐다보고 달이 어디 있느냐고 묻습니다. 그러면 천 년 만 년 가도 달은 영원히 보지 못하고 맙니다.

부처님께서 《팔만대장경》을 말씀하신 것은 달 가리키는 손가락을 펴 보이신 것이니 그 손가락 빨고 물고 해보았자 결국 달을 바로 보지 못하는 것입니다. 그러니 손가락 저편에 있는 달을 바로 보아야 합니다.

부처만 믿으라

내가 항상 하는 말이 있습니다. 불교를 믿든지 예수를 믿든지 자기 신념대로 하는데, 예수교를 믿으려면 예수를 믿어야지 신부, 목사를 믿어서는 아니 됩니다. 마찬가지로 불교에서도 부처님 말씀을 믿어야지 승려를 따라가서는 아니 됩니다. 그것은 천당도 극락도 아닌 지옥입니다.

무엇이 진정한 선인가

　　불교의 진정한 의미에서의 선善이란, 선과 악을 완전히 버리고 그래서 선과 악이 융합하는 것을 말합니다. 즉 중도의 세계를 말합니다. 선과 악이 대립되어 있는 것은 진정한 선이 아닙니다. 그것은 한쪽에 치우친 변견입니다. 보살계를 받을 때 '선도 버리고 악도 버려라. 이렇게 하는 것이 보살이다' 라고 말합니다. 상대적인 변견을 버리라는 것입니다. 그럼 선도 버리고 악도 버리고 어떻게 하라는 것인가? 선도 버리고 악도 버리는 여기에 참다운 선이 나오는 것입니다.

바위도 설법을 한다

　　저 산꼭대기에 서 있는 바위가 법당에 계시는 부처님보다 몇백 배 이상 가는 설법을 항상 하고 있습니다. 바위가 설법을 한다고 하니 웃을지도 모르겠습니다. 바위가 무슨 말을 하느냐고 말입니다. 그러나 실제 마음의 눈을 뜨고 마음의 귀를 열고 보면 바위가 항상 무진설법을 하는 것을 들을 수 있습니다. 이것을 불교에서는 무정설법無情說法이라고 합니다.

종교인은 편견을 경계하라

'너는 내 말만 들어야지 남의 말을 들으면 살 수 없다'고 한다면 그런 사람을 우리는 인격을 지닌 사람이라고 할 수 없을 것입니다. 내 말 안 듣는 사람까지 살 길을 열어주는 것이 진정한 종교가 아니겠습니까. 다른 사람을 무시하거나 배척하면서 자기만을 내세운다고 해서 자기가 내세워지겠습니까? 우리 종교를 믿어야만 구원받지 다른 종교를 믿으면 구원을 받지 못하고 지옥에 간다고 우긴다면 문제가 큽니다. 불교는 모든 것이 불교 아닌 것이 없다고 선언합니다. 다시 말하면 한 법도 버릴 게 없는 것이 불교라고 합니다. 이렇게 활짝 문을 열어놓은 채 자기 자신을 바로 보아라, 자기를 바로 알고 이웃을 도우라고 가르칩니다. 불교에서는 부처님 믿고 안 믿고는 큰 문제가 아닙니다. 자기 마음을 바로 보고 바로 쓰면서 바른 행동 하는 것이 근본 입장입니다. 그러니 석가모니에 의지하지 않더라도 누구나 해탈(구원)할 수 있습니다.

종교계는 물량주의에서 벗어나라

정신적인 양식을 개발하고 공급하는 것이 종교입니다. 사람이란 물질에 탐착하면 양심이 흐려집니다. 그렇기 때문에 어느 종교든지, 물질보다 정신을 높이 여깁니다. 부처님의 경우를 보더라도 호사스런 왕궁을 버리고 다 해진 옷에 맨발로 바리때 하나 들고 여기 저기 빌어먹으면서 수도하고 교화했습니다. 그리고 마지막에는 그 교화의 길에서 돌아가셨습니다. 철저한 무소유에서 때 묻지 않은 정신이 살아난 것입니다. 또한 그 산 정신을 널리 전파한 것입니다. 예수님이 마구간에서 태어난 의미를 알아야 합니다. 우리가 진정한 불교도 혹은 기독교도라면 부처님이나 예수님의 생활태도를 본받아야 할 것입니다. 정신이 병든 것은 물질 때문입니다. 종교인이 청정하고 올바른 생활을 하려면 최저의 생활로 자족할 수 있어야 합니다. 여유 있는 물질은 반드시 사회로 환원해야 죄를 덜 짓게 됩니다.

종교인은 남을 위해 산다

종교인의 기본자세는 나를 잊어버리고 남을 위해 사는 것입니다. 남의 고난과 아픔을 자신의 그것보다 더 뼈저리게 느끼고, 덜어주고 같이 나누는 데 종교인의 참다움이 있습니다.

불교에서는 근본적으로 현실이 절대라는 것을 주장합니다. 눈만 뜨고 보면 사바세계가 그대로 극락세계가 되는 것입니다. 그러니 절대의 세계를 딴 데 가서 찾으려 하지 말고 자기 마음의 눈을 뜨도록 노력해야 합니다. 눈만 뜨고 보면 태양이 온 우주를 비추고 있습니다. 바로 알고 보면 우리 앉은 자리 선 자리 이대로가 절대의 세계입니다.

누가 깨쳤다고 하는가,
백척간두에서 진일보하라

마음의 눈을 떠라

불교에서는 근본적으로 현실이 절대라는 것을 주장합니다. 눈만 뜨고 보면 사바세계가 그대로 극락세계가 되는 것입니다. 그러니 절대의 세계를 딴 데 가서 찾으려 하지 말고 자기 마음의 눈을 뜨도록 노력해야 합니다.

눈만 뜨고 보면 태양이 온 우주를 비추고 있습니다. 이렇게 좋고 참다운 절대의 세계를 놔두고 '염불하여 극락 간다' '예수 믿어 천당 간다' 그런 소리 할 필요가 있습니까? 바로 알고 보면 우리 앉은 자리 선 자리 이대로가 절대의 세계입니다.

밥은 실제 떠먹어야 합니다. 오직 참으로 마음의 눈을 뜨려면 참선을 해야 합니다. 그것을 교외별전, 즉 선禪이라 하는 것입니다. '교'는 부처님 말씀이고, '선'이라 하는 것은 부처님 마음을 전한

참선을 해서 화두를 바로 깨치면, 그때는 마음의 거울에 있는 일체의 때가 다 벗겨져버립니다. 본거울이 나타납니다. 그러면 이 광명을 다 볼수 있는 것입니다.

것인데, 말씀이란 것은 마음을 깨치기 위한 것이지 딴것 아닙니다. 요리 강의라는 것은 밥 잘해먹자는 것인데 밥 잘해먹자는 이외에 뭐가 있습니까? 요리 강의를 천 날 만 날 해도 배가 부르는가, 아무 소용없습니다.

부처님도 방편으로 서방 극락세계를 이야기한 것입니다. 사람들이 마음의 눈을 감고 잘 모르니, 어느 표준을 말하기 위해서 서방을 말한 것입니다. 극락세계가 서방에만 있겠습니까?

육조 스님 말씀에 동방세계 사람이 염불해서 서방세계에 간다면, 서방세계에 있는 사람은 염불해서 어디로 가느냐고 했는데, 참 좋은 말씀입니다.

마음의 눈만 뜨고 보면 모든 것이 본래 광명 속에 살고 있고, 우리 자체가 본래 광명입니다. 전체가 본래 부처고, 전체가 본래 극락세계인 줄 알게 됩니다.

그렇다면 어떻게 살아야 되겠습니까? 모든 존재를 부처님으로 섬기자, 이것입니다.

마음의 등불이란 한낮에 뜬 해처럼 우주를 항상 비추고 있으니 또 다른 등을 켠다면 이는 대낮에 촛불을 켜는 것과 같아서 백련암은 초파일에 등불을 따로 켜지 않습니다. 등불을 켜지 않는 것은 등불의 본체를 알기 때문입니다. 등불을 켜는 것은 비단 위에 꽃을 던지는 것과 같습니다.

자연을 바로 보는 것이 참다운 아름다움美입니다. 화가는 자기 보는 대로 그립니다. 그러나 눈을 뜨고 보는 사람하고 눈을 감고 보는 사람의 작품은 천지 차이가 있습니다. 내가 자꾸 눈을 뜨면 광명이고 눈을 감으면 캄캄하다고 말하고 있는데, 사람들이 눈을 뜨고 사는 것 같지만 실제에 있어서는 감고 살고 있습니다. 눈을 바로 떴을 때라야 아, 내가 이제껏 감고 있었구나 하고 깨닫습니다. 꿈을 꾸면서 꿈이라고 어디 생각합니까? 꿈을 깨서야 아, 꿈을 꾸었구나 하는 것과 마찬가집니다. 자연, 자연, 해도 보는 사람마다 다 틀립니다. 산은 산이고 물은 물이나 그것을 바로 보기는 참으로 어려운 것입니다.

무심이 부처다

불교라고 하면 부처님이 근본입니다. '어떤 것이 부처냐' 하고 묻는다면 여러 가지로 대답할 수 있겠지만 그러나 실제로 부처라는 그 구체적인 내용을 말하기에는 좀 곤란한 것입니다. 그러나 불교의 근본 원리 원칙을 생각한다면 곤란할 것도 없습니다.

모든 번뇌 망상 속에서 생활하는 것을 중생이라 하고 일체의 망상을 떠난 것을 부처라 합니다. 모든 망상을 떠났으므로 망심이 없는데 이것을 무심無心이라고도 하고 무념이라고도 합니다.

본래 마음을 찾아라

어떻게 하면 마음에 낀 때를 닦아내고 본마음을 찾을 수 있을까. 제일 빠른 것은 참선을 해서 화두를 바로 깨치면, 그때는 거울에 있는 일체의 때가 다 벗겨져버립니다. 본거울이 나타납니다. 그러면 이 광명을 다 볼 수 있는 것입니다.

또 다른 한 가지는 욕심을 버리자는 것입니다. 거울에 묻은 때는 욕심 때문에 묻어 있으니까. 욕심을 버리는 것은 남을 돕는다는 말입니다. 자꾸 남을 돕게 되면 차차 업이 녹아서 없어집니다. 욕심이 다 없어져버리면 마음 거울에도 때가 없어지게 됩니다. 그러면 천지 광명을 비출 수 있는 것입니다.

탐욕을 버려야 마음의 눈을 뜬다

　마음의 눈을 가린 삼독三毒, 욕심내고 성내고 어리석음이라는 탐진치貪瞋癡만 완전히 제거해버리면 마음의 눈은 저절로 안 밝아질래야 안 밝아질 수 없습니다. 그 삼독 중에서도 무엇이 가장 근본이냐 하면 탐욕입니다. 탐욕! 탐내는 마음이 근본이 되어서 성내는 마음도 생기고 어리석은 마음도 생깁니다.

　탐욕은 어떻게 생겼는가? '나' 라는 것 때문에 생겼습니다. 나! 남이야 죽든가 말든가 알 턱이 있나, 어떻게든 나만 좀 잘살자, 나만! 하는 데서 모든 욕심이 다 생기는 것입니다. '나' 라는 것이 중심이 되어서 자꾸 남을 해치게 되는 것입니다. 그렇게 되면 마음의 눈은 영영 어두워집니다. 캄캄하게 자꾸 어두워집니다. 욕심을 버리고 마음의 눈을 밝히려면 어떻게 해야 하는가? '나' 라는 것, 나라는 욕심을 버리고 '남' 을 위해 사는 것입니다. 남을 위해서! 한번 생각해보십시오. 누구나 무엇을 생각하든지 무슨 일을 하든지 자나 깨나 나뿐 아닙니까? 그 생각을 완전히 거꾸로 해서 남의 생각, 남의 걱정만 하는 것입니다. 그리고 모든 행동의 기준을 남을 위해 사는 데 둡니다. 그러면 자연히 삼독이 녹아지는 동시에 마음의 눈이 자꾸자꾸 밝아집니다. 삼독이 다 녹아버리면 눈이 완전히

뜨여서 저 밝은 광명을 환히 볼 수 있고, 과거 무량아승지겁부터 내가 부처라는 것을 동시에 알고 시방세계가 전부 불국토 아닌 곳이 없음을 알 수 있습니다.

우리 불교가 앞으로 바른 길로 가려면 승려도 신도도 모두 어느 방향으로 가야 하느냐 하면 남을 돕는 데로 완전히 돌려져야 합니다. 승려가 예전같이 산중에 앉아서 쌀되나, 돈푼이나 가지고 와서 불공해달라고 하면 그걸 놓고 똑딱거리면서 복 주라고 빌고 하는 그런 생활을 그대로 계속하다가는 불교는 앞으로 영원히 없어지고 맙니다. 절에 다니는 신도도 또한 그렇습니다. 남이야 죽든 말든 내 자식이 머리만 아파도 쌀되나 가지고 절에 가서 '아이고 부처님, 우리 자식 얼른 낫게 해주십시오' 하는 식의 사고방식으로는 참된 부처님 제자가 될 수 없습니다.

마음을 바로 보라

불교에서는 '모든 것이 마음이다 一切唯心'라고 말합니다. 마음 밖에는 아무것도 없다는 말입니다. 또한 즉심시불卽心是佛이라고도 합니다. 내 마음이 바로 부처님이라는 말입니다. 부처님의 가르침이 《팔만대장경》에 담겨 있는 만큼 불교를 알려면 《팔만대장경》을 다 봐야 할 터인데 누가 그 많은 《팔만대장경》을 보겠습니까. 그렇다면 결국 불교를 모르고 마는 것인가? 아닙니다. 《팔만대장경》이 그토록 많지만 사실 알고 보면 마음 심心자 한 자에 있습니다. 《팔만대장경》 전체를 똘똘 뭉치면 심心자 한 자 위에 서 있어서 이 한 자의 문제만 옳게 해결하면 일체의 불교 문제를 해결하는 동시에 일체 만법을 다 통찰할 수 있고, 삼세제불三世諸佛을 한눈에 다 볼 수 있는 것입니다.

마음을 보지 못하는 것은 망상이 마음을 덮고 있기 때문입니다. 구름이 해를 가리면 해가 보이지 않는 것과 같습니다. 해를 보려면 구름이 걷혀야 함과 같이 마음을 보려면 망상을 없애야 합니다. 망상이 티끌만큼이라도 남아 있으면 마음을 보지 못합니다. 마음을 바로 보면 도道를 아는바, 이것을 깨쳤다고 합니다.

깨친 마음은 항상 밝다

도를 깨치면 망상이 영영 소멸되어 소멸된 그 자취도 없게 되니 이것을 무심이라 합니다. 망상이 소멸되어 무심이 되면 목석과 같은가? 그것은 아닙니다. 큰 지혜광명이 나타나서 항상 한결같고 영영 변함이 없습니다. 이것을 일여一如라고 합니다. 보통 사람들은 깊이 잠들면 정신이 캄캄히 어둡지만 깨친 사람은 광명이 항상 일여하므로 아무리 깊은 잠이 들어도 마음은 밝아 있으니, 이것이 깨친 제일의 증거입니다.

선과 교, 모두 깨달음이 목적이다

선가에서는 언어문자를 배격하며 교가에서는 언어문자를 숭상한다고 흔히 생각하는데, 만일 그렇게 말하는 사람이 있다면 그 사람이야말로 교는 꿈에도 모르는 사람입니다. 교도 부처님의 가르침이지 딴 외도의 가르침은 아닙니다. 그렇기 때문에 교가에서도 깨치는 것을 근본으로 삼았지, 안내문만 읽으면서 평생을 지내라고는 하지 않았습니다.

무엇이 견성인가

불교에서 수행하여 공부하는 단계를 보면, 첫째 동정일여動靜一如, 즉 일상생활에서 가고 오고 할 때나 가만히 있을 때나 말을 하거나 안 하거나 변함없이 공부가 되어야 합니다. 여여불변如如不

變하여야 합니다.

동정일여가 되어도 잠이 들어 꿈을 꾸면 공부는 없어지고 꿈속에서 딴 짓을 하며 놀고 있는데, 꿈속에서도 일여한 것을 몽중일여 夢中一如라 합니다.

몽중일여가 되어도 앞에서 말했듯이 잠이 깊이 들면 아무것도 없습니다. 잠이 푹 들었을 때도 여여한 것을 숙면일여 熟眠一如라 합니다.

그런데 숙면일여가 되어 거기에 머물지 않고 더욱 나아가야 합니다. 백척간두에서 한 걸음 더 나아가야 된다 이 말입니다. 그리하여 깨쳐야만 그것이 실제 견성입니다.

참선이 성불의 지름길이다

불교에서는 성불하는 방법이 여러 가지가 있습니다. 관법觀法을 한다, 주력呪力을 한다, 경經을 읽는다, 다라니를 외우는 등등 온갖 것이 다 있습니다. 그런 여러 가지 방법 중에서 가장 확실하고 빠른 방법이 참선입니다. 견성 성불하는 데에는 참선이 가장 수승한 방법입니다.

화두는 설명할 수 없다

　　화두는 숙면일여에서 확철히 깨쳐야만 알 수 있는 것이지 그전에는 모르는 것입니다. 여기에 가장 큰 병통을 가진 이는 일본 사람들입니다. 일본 구택대학에서 《선학대사전》을 30여 년 걸려서 만들었다고 하기에 구해서 보았습니다. 그런데 보니 중요한 공안(公案: 화두)을 전부 해설해놓았습니다. 그 사전을 보면 참선할 필요가 없습니다. 공안이 전부 해설되어 있으니까. 일본에 불교가 전래된 이래 가장 나쁜 책은 《선학대사전》입니다. 화두를 해설하는 법이 어디 있습니까.

　　화두의 생명이란 설명하지 않는 데 있습니다. 또 설명될 수도 없고, 설명하면 하는 사람이나 듣는 사람이나 다 죽어버립니다. 봉사에게 아무리 단청丹靑을 이야기한들 무슨 소용이 있습니까. 아무 소용없습니다. 자기가 눈을 떠서 실제로 봐야 합니다.

이론과 실천을 병행하라

　　공부를 함에 있어 이론과 실천을 병행해야 합니다. 경전을 배우면서 참선을 하고, 참선을 하면서 경전을 배우고 조사어록을 읽어야 합니다. 그러나 언어문자는 산 사람이 아닌, 종이 위에 그린 사람인 줄 분명히 알아서 마음 깨치는 것을 근본으로 삼아야 합니다.

현실 모순을 중도로 극복하라

현실세계란 전체가 상대모순으로 되어 있습니다. 물과 불, 선과 악, 옳음과 그름, 있음과 없음, 괴로움과 즐거움, 너와 나 등입니다. 이들은 서로 상극이며 모순과 대립은 투쟁의 세계입니다. 투쟁의 세계는 우리가 목표하는 세계는 아닙니다. 우리는 평화의 세계를 목표로 하여 살아가고 있습니다. 그러나 상극 투쟁하는 세계에서는 평화를 찾기가 어렵습니다. 그러므로 참다운 평화의 세계를 이루려면, 진정한 자유를 얻으려면 양변兩邊을 버려야 합니다. 모순 상극의 차별세계를 버려야 합니다. 양변을 버리게 되면 두 세계를 다 비추게 됩니다. 다 비춘다는 것은 서로 통한다는 뜻이니 선과 악이 통하고 옳음과 그릇됨이 통하고 모든 상극적인 것들이 통하는 것을 말합니다. 우리는 그것을 둘이 아닌 불이법문不二法門이라고 합니다.

내가 법문할 때마다 중도中道, 중도, 하니 어디 말뚝 박히듯 박혀 있는 것으로 생각할지 모르나 자로 선 긋듯 분명하게 한가운데란 말은 아닙니다. 표현하자니 '가운데中'라 하는 것입니다. 가운데도 설 수 없는 그것을 억지로 이름붙여 가운데라 하는 것이지 가운데 설 수 있는 곳이 있다면 그것도 집착이며 변견이 되고 맙니다.

부처님의 중도사상을 알고 나면 일체 만법이 불교 아닌 것이 하나도 없습니다. 중도사상을 모를 때는 유교는 유교, 불교는 불교, 무슨 철학은 철학, 유신론이든지 유물론이든지 각각 다 다르지만 중도사상을 바로 알게 되면 일체 모든 진리를 융합한 우주의 근본 원리임을 인식하게 될 것입니다. 그러므로 예수교도 우리 불교요, 유교, 도교도 우리 불교입니다. 결국 불교를 바로 알려면 부처나 마구니를 함께 다 버려야 합니다. 부처와 마구니가 서로 옳다고 싸우면 양변에 집착했기 때문에 불법을 모르는 사람이 되고 맙니다. 참으로 불교를 바로 아는 사람이라면 부처와 마구니를 다 버려야 합니다.

이 사바세계의 현실은 모순 상극이어서 곳곳에 언제나 싸움이 그칠 사이가 없습니다. 그 싸움 때문에 고苦가 자연히 생기게 되는 것입니다. 모순 상극인 현실의 세계를 벗어나 걸림 없는 자유의 세계, 해탈 열반의 세계로 들어가려면 원통 자재한 중도에 입각하여야 합니다. 양변을 떠나 가운데도 머물지 아니하는 중도사상만이 오직 참다운 극락세계를 이 현실에 실현케 할 수 있을 것입니다.

부처님의 특성을 말할 때 불성佛性이라 하고, 일체법계를 말할 때는 법성法性이라 하는데, 일체 만법의 본모습이라는 말입니다. 이 법성을 바로 안 사람이 바로 부처님입니다. 그것은 변동이 없으므로 진여眞如라 하기도 하고, 그 내용은 중도이므로 중도中道라 하기도 하고, 활동하는 자체는 연기에 따라 움직이므로 연기법緣起法이라고도 합니다. 이들은 모두 같은 내용입니다.

불생불멸은 과학이다

요새는 과학만능시대이니 불생불멸하는 도리를 과학적으로 좀 근사하게 풀이할 수 있게 되었습니다. 원자물리학에서 자연계는 불생불멸의 원칙 위에 구성되어 있음을 실험적으로 증명하는 데 성공해버린 것입니다.

아인슈타인이 상대성이론에서 등가원리等價原理를 제시한 것입니다. 자연계는 에너지와 질량 두 가지로 구성되어 있는데, 에너지가 곧 질량이고 질량이 곧 에너지로서 서로 같다는 이론을 제시한 것입니다. 아인슈타인의 이론을 가지고 학자들이 수십 년 동안 실험을 하여 마침내 질량을 에너지로 전환하는 데 성공했습니다. 그 성공의 첫 단계가 원자탄, 수소탄이었습니다.

이 원리를 물과 얼음에 비유하면 아주 알기 쉽습니다. 물을 에너지, 얼음을 질량에 비유할 수 있습니다.

물과 얼음이 서로 다르게 나타날 때에 물이 없어지고滅, 얼음이 새로 생긴 것生이 아닙니다. 물 그대로 전체가 얼음으로 나타난 것입니다. 물이 없어진 것이 아니고不滅, 얼음이 새로 생긴 것이 아닙니다不生. 모양만 바뀌어서 물이 얼음으로 되었을 뿐입니다. 그러니 언제나 불생불멸不生不滅 그대로입니다. 불생불멸의 세계를 불교에서는 법의 세계, 즉 법계라고 합니다. 항상 주住해 있어서 없어지지 않는 세계, 상주법계常住法界지요.

누구나 본래 부처다

'내가 부처가 된 이후로 지내온 세월 많은 세월은 한량없는 백천만억 아승지로다.' 이 구절은 《법화경》의 '여래수량품'에 있는 말씀인데 《법화경》의 골자입니다. 쉽게 말하자면 '내가 성불한 뒤로 얼마만 한 세월이 경과했느냐' 하면 숫자로써 형용할 수 없는 세월이 한없이 경과했다는 말씀입니다.

그러나 보통으로 봐서는 이해가 잘 안 될 것입니다. 부처님께서 인도에 출현해서 성불하여 열반하신 지 지금부터 2천5백여 년밖에 안 되었습니다. 그런데 어째서 부처님 말씀이 자기가 성불한 지가 무량백천만겁 아승지 이전이라고 했을까? 어째서 숫자로 헤아릴 수 없는 오랜 옛날부터라고 말씀하신 것일까?

사실에 있어서 부처님이 2천5백여 년 전에 출현하여 성불하신 것은 방편이고 실지로는 한량없는 무수한 아승지겁 이전에 벌써 성불하신 것입니다.

불교의 목적이 무엇이냐고 보통 물으면 '성불'이다, 즉 부처 되는 것이라고 말합니다. 으레 그렇게 말하지만 실제로는 맞지 않는 말입니다. 실제 내용은 중생이 본래 부처라는 것입니다.

우리가 사는 이 세계를 '사바세계'라 합니다. 모를 때는 사바세계지만 알고 보면 이곳은 사바세계가 아니고 저 무량 아승지겁(한량없는 시간) 전부터 이대로가 극락세계입니다. 그래서 불교의 목표는 중생이 변하여 부처가 되는 것이 아니고 누구든지 바로 깨쳐서 본래 자기가 무량 아승지겁부터 성불했다는 것을 아는 것입니다. 동시에 온 시방법계가 불국토 아닌 곳, 정토가 아닌 나라가 없다는 것을 깨닫는 것이 불교의 근본 목표입니다.

> 제2부에 실린 성철 스님 말씀은 장경각 발행인 원택 스님의 허락을 받아 장경각에서 출간한 여러 책에서 발췌하였음을 밝힙니다.

성철 스님 행장

성철 스님 행장

1912년(1세)	지리산 천왕봉이 보이고 경호강이 흐르는 경남 산청군 단성면 묵곡리에서 서원과 향교를 출입하던 아버지 이상언님, 어머니 강상봉님의 장남으로 출생.
1936년(25세)	《하이네 시집》과 칸트의 《순수이성비판》, 《사서삼경》 등 동서고전 80여 권의 책 속에서 '영원한 진리'를 찾다가 어느 날 탁발승으로부터 영가 스님의 〈증도가〉를 받아 읽고는 발심하여 대원사로 가 《서장》을 보며 '무'자 화두를 체험한 뒤, 해인사로 출가. 3월에 동산 스님을 은사로 백련암에서 수계 득도. 동산을 시봉하며 범어사 금어선원에서 하안거, 범어사 원효암에서 동안거.
1937년(26세)	3월 24일 범어사에서 비구계 수지. 범어사 원효암에서 하안거, 통도사 백련암에서 동안거.
1938년(27세)	범어사 내원암에서 용성을 시봉하며 하안거, 통도사 백련암에서 동안거.
1939년(28세)	경북 은해사 운부암에서 도반 향곡과 하안거, 금강산 마하연에서 자운과 동안거.
1940년(29세)	금강산 마하연에서 하안거 중 어머니가 찾아와 처음에는 돌을 던지며 돌아가라고 만나주지 않다가 대중들의 항의를 받고 어머니를 업고 일주일 동안 금강산을 구경시켜드림. 동화사 금당선원에서 동안거 중 오도함.
1941년(30세)	효봉이 조실로 있던 전남 송광사 삼일암에서 일타, 도우 등과 하안거, 충남 수덕사 정혜사에서 청담과 함께 동안거.
1942년(31세)	충남 서산군 간월도의 만공 스님과 탁마하며 하안거, 동안거.

1943년(32세)	충북 법주사 복천암에서 청담, 도우 등과 함께 하안거, 경북 선산 도리사에서 동안거.
1944년(33세)	선산 도리사에서 하안거, 경북 문경 대승사에서 장좌불와 정진하며 동안거.
1945년(34세)	대승사에서 하안거, 대승사 암자인 묘적암에서 동안거.
1946년(35세)	경북 파계사 성전암에서 하안거, 동안거.
1947년(36세)	통도사 내원암에서 하안거, 경북 문경 봉암사에서 동안거. 봉암사에서 "부처님 법답게 살자"는 공주규약을 정하고 결사하여 청안, 보문, 일도, 청담, 자운, 월산, 혜암, 성수, 법전, 도우, 묘엄 스님 등과 중국 총림의 청규에 맞게 정진하고 대불정능엄신주를 독송하도록 함. 이때 한국 불교의 기틀을 다지고 승려의 위의를 세우고 왜색 불교의 잔재를 혁파함.
1948년(37세)	봉암사에서 하안거, 동안거.
1949년(38세)	봉암사에서 하안거, 공비의 잦은 출몰로 봉암사를 떠나 경남 월내리의 묘관음사에서 동안거.
1950년(39세)	경남 고성군 문수암에서 청담과 함께 하안거, 동안거.
1951년(40세)	경남 고성의 은봉암에서 하안거, 경남 통영의 안정사 천제굴에서 동안거. 안정사 위 산자락에 법전, 인홍 등과 함께 초가삼간의 토굴을 지어 천제굴이라고 이름함. 이때부터 신도들에게 부처님 앞에 나아가 삼천배를 하게 함.
1952년(41세)	천제굴에서 하안거, 경남 마산의 성주사에서 동안거.
1953년(42세)	천제굴에서 하안거, 동안거 중에 서옹과 탁마함.
1954년(43세)	천제굴에서 하안거, 동안거. 천제굴을 찾아와 환속을 권유했던 부친이 '석가가 나의 원수다' 라는 말을 남기고 돌아감.

	비구 종단의 정화가 시작됐지만 성철은 산승으로서 수행승 본연의 자기 정화를 강조 실천함.
1955년(44세)	경남 남해의 용문사 백련암에서 하안거, 파계사 성전암에서 철조망을 둘러치고 동안거.
	비구 정화 후, 해인사 초대 주지로 임명하였으나 거절함.
1956~63년(45~52세)	파계사 성전암에서 장좌불와 동구불출하며 하안거, 동안거.
1964년(53세)	부산 다대포에서 하안거, 서울의 도선사에서 동안거.
1965년(54세)	경북 문경의 김룡사에서 하안거, 동안거.
	이때 《육조단경》, 《금강경》, 〈증도가〉 및 중도이론 등 동서를 넘나드는 사자후를 터트리며 승속을 초월하여 대중들의 이목을 집중시킴.
1966년(55세)	김룡사에서 하안거.
1967년(56세)	경남 해인사로 와서 백련암에 주석하는 동안 살아 있는 정신을 강조하며 단청과 연등 달기를 금지시킴. 새벽마다 법당으로 올라가 백팔배를 하며 세상 사람들의 죄업을 대신 참회함.
	해인총림의 초대 방장으로 취임, 동안거 기간 중에 결제 대중에게 백일법문을 함.
1967~93년(56~82세)	11월 4일 열반하기까지 해인총림 방장으로 퇴설당과 백련암에 주석.
1976년(65세)	《한국 불교의 법맥》 출간.
1981년(70세)	1월 20일 대한불교조계종 제7대 종정으로 추대.
	12월 《선문정로》를 출간하여 '돈오돈수'를 설파함.
1982년(71세)	11월 《본지풍광》 출간.
1986년(75세)	6월 《돈오입도요문론 강설》과 《신심명·증도가 강설》 출간.

1987년(76세)	6월 《자기를 바로 봅시다》 출간.
	7월 백련불교문화재단 설립.
	11월 도서출판 장경각 설립, 《선림고경총서》 발간을 시작하게 함.
1988년(77세)	2월 《돈황본 육조단경》 출간.
1991년(80세)	대한불교조계종 제8대 종정으로 재추대.
1992년(81세)	4월 《백일문법》 상·하 출간.
1993년(82세)	11월 4일 오전 7시 30분 해인사 퇴설당에서 '참선 잘하라'는 유훈을 내리고 입적.
1993년	11월 10일 애도하는 수십만의 조문 인파 속에서 영결식 및 다비식 봉행.
	11월 12일 1백여 과에 이르는 사리 수습.
1998년	11월 해인사 운양대에 사리탑 봉안.
2001년	3월 경남 산청군 단성면 묵곡리 생가터에 기념관 건립, 성철 스님이 살아생전에 마음에 두었던 절 이름을 따라 겁외사 창건.

발꿈치 아래를 돌아보라

표지 사진 주명덕
1960년대 전쟁의 상처를 안고 있는 혼혈아들의 얼굴을 담은 '홀트 씨 고아원'을 시작으로 다수의 전시회를 가졌고 《주명덕 초기 사진들》《포영집》《Lost Landscape》《섞여진 이름들》 등의 사진집과 《혼자만 잘 살믄 무슨 재민겨》《서울에세이》 등의 공동저서를 냈다.

삽화 송영방
서울대학교 동양화과를 졸업하고 산수화, 인물화, 불화, 삽화 등 다양한 방식으로 자연과의 교감을 표현하는 동양화가로 활동해왔다. 국내외에서 수십 차례의 초대전과 개인전을 가졌으며 국전 초대작가와 심사위원, 동국대학교 예술대학장을 역임했다. 현재 동국대 명예교수이다.

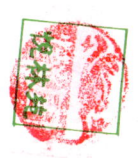

자기를 속이지 말라

1판 1쇄 발행 2005년 5월 4일
1판 11쇄 발행 2010년 4월 23일

지은이 정찬주
펴낸이 정중모
펴낸곳 도서출판 열림원
관리 박금란 · 김선애 · 김수나
등록 1980년 5월 19일(제406-2003-026호)
주소 경기도 파주시 교하읍 문발리
    출판문화정보산업단지 513-15
전화 02-3144-3700
팩스 02-3144-0775
홈페이지 www.yolimwon.com
이메일 editor@yolimwon.com

ⓒ 2005, 정찬주

- 책값은 뒤표지에 있습니다.
- 이 책에 수록된 본문 내용 및 삽화와 사진들은 저작권법에 의해
- 보호받는 저작물이므로 무단전재와 무단복제를 금합니다.

ISBN 89-7063-462-2 03810